POPOLNA KOREJSKO-AMERIŠKI KUHARICA

100 JEDI, KI SO OKUS DOMAČE

Suzana Pavlin

Vse pravice pridržane.

Zavrnitev odgovornosti

Informacije v tej e-knjigi naj bi služile kot obsežna zbirka strategij, ki jih je raziskoval avtor te e-knjige. Povzetki, strategije, nasveti in triki so samo avtorjeva priporočila in branje te e-knjige ne zagotavlja, da bodo vaši rezultati natančno odražali avtorjeve ugotovitve. Avtor e-knjige se je po svojih najboljših močeh trudil zagotoviti aktualne in točne informacije za bralce e-knjige. Avtor in njegovi sodelavci ne odgovarjajo za morebitne nenamerne napake ali opustitve, ki bi jih lahko našli. Gradivo v e-knjigi lahko vsebuje informacije tretjih oseb. Gradiva tretjih oseb vsebujejo mnenja, ki so jih izrazili njihovi lastniki.

E-knjiga je Copyright © 2023 z vsemi pravicami pridržanimi. Nadaljnja distribucija, kopiranje ali ustvarjanje izpeljank iz te e-knjige v celoti ali delno je nezakonito. Nobenega dela tega poročila ni dovoljeno reproducirati ali razširjati v kakršni koli obliki brez izrecnega in podpisanega pisnega dovoljenja avtorja.

KAZALO

KAZALO 3
UVOD 8
JUHE 9
   1. Korejsko-ameriška fižolova juha 10
   2. Korejsko-ameriška juha iz morskih alg 12
   3. Riževa juha s kozicami 14
   4. Juha iz posušene polenovke 16
   5. Goveji prsi in juha iz vampov 18
   6. Juha iz sojinih kalčkov 20
   7. Juha s piščancem in ginsengom 22
   8. Riževa in goveja juha z rezanci 24
   9. Korejsko-ameriška juha z rezanci z nožem 26
   10. Juha iz svinjskega vratu 28
GLAVNA JED 31
   11. Gyeranbap s praženimi morskimi algami 32
   12. Goveji Bulgogi 34
   13. Korejsko-ameriški BBQ s kratkimi rebrci 36
   14. Korejsko-ameriški piščanec 38
   15. Korejsko-ameriški zrezek 40
   16. Chap Chee rezanci 42
   17. Korejsko-ameriška začinjena marinirana svinjina 45
   18. Korejsko-ameriški mariniran zrezek z bokov 47
   19. Sladki jagnječji kotleti na žaru z začimbami 49
   20. Korejsko-ameriška pečena piščančja bedra 51
   21. Začinjen korejsko-ameriški piščanec in krompir 53

REZANCI 55

22. Solata z fižolovimi rezanci 56
23. Vermicelli iz sladkega krompirja in goveje meso 59
24. Začinjeni hladni rezanci 62
25. Rezanci z omako iz črnega fižola 64
26. Korejsko-ameriška skleda s piščančjimi rezanci 67
27. Začinjeni rezanci z jajcem in kumaro 70
28. Korejsko-ameriški hladni rezanci 72
29. Pikantna korejsko-ameriška polžja solata 74
30. Začinjeni soba rezanci 77
31. Korejsko-ameriški rezanci z zelenjavo 80

ULIČNA HRANA IN PRIGRIZKI 81

32. Vročeteok z zelenjavo in rezanci 82
33. Jajčni kruh 85
34. Vroča in začinjena riževa torta 87
35. Korejsko-ameriške palačinke z morsko hrano 89
36. Veganski Bulgolgi sendvič 92
37. Korejsko-ameriška torta s slanino in jajci 95
38. Korejsko-ameriški riž curry 97
39. Zebra jajčna rolada 99
40. Korejsko-ameriške orehove torte 101
41. Ulični toast sendvič 103
42. Globoko ocvrta zelenjava 106

SLADICE 109

43. Sladke korejsko-ameriške palačinke 110
44. Korejsko-ameriške medene poširane hruške 113
45. Korejsko-ameriški mlečni ledeni sorbet 115
46. Korejsko-ameriška riževa nabodala 117

47.	Korejsko-ameriška jagodna torta z rolado kivija	119
48.	Korejsko-ameriška sladica Yakwa	122
49.	Korejsko-ameriški puding iz tapioke	125
50.	Korejsko-ameriška začinjena riževa torta	127
51.	Pečene hruške v Wonton čipsu in medu, cimet Mascarpone	129
52.	Zdrava sladka riževa torta	131

TOPLO KOSILO **133**

53.	Sklede za piščančji burrito	134
54.	Piščančja tikka masala	137
55.	Grške piščančje sklede	140
56.	Korejsko-ameriške sklede za pripravo govejega obroka	143
57.	Piščančja in ramen juha	146
58.	Mason jar bolognese	149
59.	Lazanje iz masonskega kozarca	152
60.	Miso ingverjeva razstrupljevalna juha	155
61.	Polnjen sladki krompir	157
62.	Korejsko-ameriški krompir, polnjen s piščancem	159
63.	Krompir, polnjen z ohrovtom in rdečo papriko	161
64.	Krompir, polnjen s piščancem z gorčico	163
65.	Črni fižol in polnjeni krompir Pico de Petelin	165
66.	Bučkini rezanci s puranjimi mesnimi kroglicami	168
67.	Enostavne mesne kroglice	171
68.	Juha s 3 sestavinami	173
69.	Puranova omaka za počasno kuhanje	177
70.	Burrito-skleda-v-kozarcu	177

HLADNO KOSILO **179**

71.	Carnitas sklede za pripravo obrokov	180
72.	Chicago vroče dog solata	183

73.	Ribje taco sklede	185
74.	Solata iz storžev	188
75.	Solata iz buffalo cvetače	191
76.	Posode za zrnje pese in brstičnega ohrovta	194
77.	Brokolijeva solata v kozarcu	197
78.	Piščančja solata v kozarcu	199
79.	Kitajska piščančja solata iz masonskega kozarca	201
80.	Niçoise solata Mason jar	203
81.	Začinjene sklede s tuno	206
82.	Solata z zrezki	208
83.	Hranilne sklede iz sladkega krompirja	211
84.	Tajske piščančje sklede Buddha	213
85.	Tajski piščančji zavitki z arašidi	216
86.	Turčija špinača	219
87.	Turčija taco solata	221
88.	Zelo zelena solata v kozarcu	223
89.	Sklede za spomladanske zavitke iz bučk	225

SOLATE 227

90.	Zelenjava s čilijem in limeto	228
91.	Limonine testenine z brokolijem in bučkami	230
92.	Jajčevci, krompir in čičerika	232
93.	Kale Slaw & Kremasto Dresing	235
94.	Bruselj, korenje in zelenjava	237
95.	Brokoli in cvetača	239
96.	Testenine s šparglji in bučkami	241
97.	Paradižniki, polnjeni z zelenjavo	243
98.	Jajčevci Ratatouille	245
99.	**Gobe in špinača**	247

100. Črni poper Citrusna špinača 249
ZAKLJUČEK 251

UVOD

Vsi imamo najljubše družinske recepte. Nekateri so se skrbno prenašali iz generacije v generacijo, drugi pa so na hitro povedali po telefonu, potem ko je mlajši družinski član pobegnil iz gnezda. Pogosto je nemogoče narediti jed tako, kot je v vašem spominu; včasih so spremembe lahko narejene namerno ali iz nuje, a ne glede na to, kako se z leti razvija, srce jedi vedno ostane.

Ti korejsko-ameriški recepti ponazarjajo, kako dve različni prehranjevalni kulturi, združeni skupaj, ustvarjata domiselno hibridno kuhinjo, ki ima okus kot doma.

JUHE

1. Korejsko-ameriška fižolova juha

Čas priprave: 15 minut
Čas kuhanja: 20 minut
Obroki: 4 osebe

SESTAVINE
- 1 žlica česnove paste
- 3 ½ skodelice vode
- ½ žlice zrnc dashija
- 3 žlice korejsko-ameriške paste iz fižolove skute
- 1 bučka, narezana na kocke
- ¼ funta svežih gob, narezanih na četrtine
- 1/ žlica korejsko-ameriške paste iz pekoče paprike
- 1 krompir, olupljen in narezan na kocke
- 1 – 12-unč paket mehkega tofuja, narezanega
- 1 čebula, narezana na kocke

NAVODILA
a) V večjo ponev prilijemo vodo, dodamo česen, feferon in skuto.
b) Segrevajte, dokler ne zavre, in pustite vreti 2 minuti, da se paste raztopijo.
c) Nato dodajte krompir, čebulo, bučke in gobe, premešajte in ponovno pustite vreti še 6 minut.
d) Na koncu dodajte tofu, ko se ta poveča in je zelenjava mehka, postrezite v skledah in uživajte.

2. **Korejsko-ameriška juha iz morskih alg**

Čas priprave: 15 minut
Čas kuhanja: 30 minut
Obroki: 4 osebe

SESTAVINE
- 2 žlički sezamovega olja
- 1 - 1 unča pakiranja posušenih rjavih morskih alg
- 1 ½ žlice sojine omake
- ¼ funta govejega fileja, mletega
- 6 skodelic vode
- 1 čajna žlička soli
- 1 čajna žlička mletega česna

NAVODILA
a) Alge dajte v posodo z vodo in pokrijte, pustite, da se namakajo, dokler ne postanejo mehke, nato jih narežite na 2 cm dolge kose.
b) Postavite ponev, da se segreje, nato pa vanjo dajte olje, sol po okusu, govedino in ½ žlice sojine omake, mešajte in mešajte 1 minuto.
c) Nato zmešajte morske alge s preostalo sojino omako in kuhajte še 1 minuto.
d) Zdaj dodajte 2 skodelici vode in segrevajte, dokler ne začne vreti.
e) V preostalo vodo stresemo česen, ko ponovno zavre, zmanjšamo ogenj in kuhamo na nizki temperaturi 20 minut.
f) Popravite začimbe in postrezite.

3. Riževa juha s kozicami

Čas priprave: 120 minut
Čas kuhanja: 32 minut
Obroki: 3 osebe

SESTAVINE
- 1 žlica sezamovega olja
- 2 skodelici belega riža
- 1 žlica riževega vina
- 9 unč kozic, oluščenih in brez rezin
- 12 skodelic vode
- Začimbe po okusu

NAVODILA
a) Vzemite riž in ga sperite, postavite na stran za 120 minut.
b) V ponev dodamo olje in segrejemo, ko se segreje dodamo kozice z riževim vinom in kuhamo minuto, nato dodamo riž, premešamo in pražimo še 1 minuto.
c) Dodajte vodo in segrevajte, dokler ne zavre, ko se riž poveča na 3-kratno velikost, zmanjšajte ogenj.
d) Kuhamo še 10 minut.
e) Popravite začimbe in postrezite še vroče.

4. Juha iz posušene polenovke

Čas priprave: 25 minut
Čas kuhanja: 30 minut
Obroki: 2 osebi

SESTAVINE

- 9 unč mehkega tofuja
- 2 – 3 skodelice posušenega polaka
- 2 stroka česna, nasekljana
- 3 kapesato
- 3 ½ žlice sezamovega olja
- 3 ½ skodelice korejske juhe Dashida
- Sol po okusu
- 1 jajce
- 5 skodelic vode
- Fižolovi kalčki po želji
- Po želji kosmiči rdeče paprike

NAVODILA

a) Ribo narežite na tanke trakove, dolge približno 1,5 cm.
b) V ponvi segrejte olje in pecite ribje trakove 3 minute.
c) Nato vlijemo vodo s korejsko-ameriško osnovo in česnom, pokrijemo in segrevamo, dokler ne zavre, nato zmanjšamo ogenj.
d) Tofu narežite na ½-palčne kose in dodajte v ponev.
e) Če uporabljate fižolove kalčke, jih dodajte zdaj.
f) Ponovno pokrijte in kuhajte 15 minut.
g) Z majhno skledo stepite jajce.
h) Vmešajte v juho, dobro premešajte, zdaj dodajte kapesote, narezane na 1 cm dolge kose.
i) Kuhamo še 2 minuti in popravimo začimbe.
j) Posodo vroče.
k) Po želji potresemo s poprovimi kosmiči.
l) Lahko se uživa s kuhanim rižem.

5. Goveji prsi in juha iz vampov

Čas priprave: 120 minut
Čas kuhanja: 360 minut
Obroki: 10 oseb

SESTAVINE
- 1 kapesato, nasekljano za vsako servirno skledo
- 1 zavitek kosti volovskega repa, vključno z mesom, korejsko-ameriški supermarket
- Začimbe po okusu
- 1 ½ litra vode

NAVODILA
a) Dodajte volovski rep v skledo z vodo in pustite, da se namaka, odstranite odvečno kri, vodo zamenjajte 2-3 krat.
b) Ko ste pripravljeni, dodajte kosti v velik lonec in jih pokrijte z 1,5 litra vode.
c) Pristavimo na štedilnik in kuhamo najmanj 6 ur, dlje kot kuhamo, boljši je okus in meso.
d) Med kuhanjem ves čas posnemajte olje, ki se pojavi na vrhu, med kuhanjem vzdržujte raven vode na približno 1 galono.
e) Ko je končana, mora biti barva kremastega videza.
f) Popravite začimbe.
g) Postrezite v skledah z volovskim repom in po vrhu potresite sesekljano čebulo.

6. Juha iz sojinih kalčkov

Čas priprave: 10 minut
Čas kuhanja: 30 minut
Obroki: 2-3 osebe

SESTAVINE
- 1 čebula, sesekljana
- 2 skodelici sojinih kalčkov
- 2 žlici sojine omake
- 2 stroka česna, nasekljana
- 5 skodelic vode
- 1 žlica sezamovega olja
- 1 - 2 žlici rdeče paprike po želji
- 1 čajna žlička soli

NAVODILA
a) Kalček soje očistite v vodi, nato odcedite, odstranite neželene dele.
b) V lonec dodamo olje in ko se segreje prepražimo česen in hkrati dodamo sojino omako, kuhamo 3 minute.
c) Zalijemo z vodo in položimo kalčke ter začinimo, segrevamo dokler ne začne vreti.
d) Zdaj zmanjšajte ogenj in kuhajte na nizki temperaturi 20 minut pod pokrovom.
e) Če želite dodati kosmiče rdeče paprike, jih dodajte 5 minut pred koncem kuhanja.
f) Odstranite ogenj in postrezite v skledah s sesekljano kapesanto po vrhu.

7. Juha s piščancem in ginsengom

Čas priprave: 20 minut
Čas kuhanja: 25 minut
Obroki: 4 osebe

SESTAVINE
- 2 žlici česna, drobno sesekljanega
- 1 čajna žlička sezamovih semen
- 2 žlici svežega ingverja, drobno sesekljanega
- 8 skodelic piščančje juhe
- 1 žlica sojine omake
- 1 - 2 čajni žlički paste rdečega čilija
- ½ skodelice riža
- 1 čajna žlička praženega sezamovega olja
- 2 glavici, drobno narezani
- 1 skodelica narezanega kuhanega piščanca

NAVODILA
a) V suhi ponvi pražimo semena 1 minuto do zlate barve, nato jih odložimo na stran.
b) V veliki posodi dodajte česen, juho in ingver ter segrevajte, dokler ne zavre.
c) Ko zavre, vmešajte čilijevo pasto, sojino in sezamovo olje.
d) Vstavite piščanca in segrevajte, dokler ne postane topel.
e) Juho dajte v servirne sklede in jo po vrhu potresite s kapesanto in semeni.

8. Riževa in goveja juha z rezanci

Čas priprave: 30 minut
Čas kuhanja: 75 minut
Obroki: 8 oseb

SESTAVINE
- ½ cele korejsko-ameriške redkvice
- ½ funta zrezka iz govejih reber
- ¼ funta kitajskih rezancev
- 1½ funt goveje krače
- 5 strokov česna
- 1 velika in sesekljana čebula
- Začimbe po okusu

NAVODILA
a) Vzemite goveje meso in ga narežite na kose velikosti ust.
b) Redkvico narežemo na dva dela.
c) Zdaj jih skupaj zavrite v velikem loncu s 30 skodelicami vode, ko zavre zmanjšajte ogenj in kuhajte 60 minut.
d) Ko je meso mehko, ga skupaj z redkvico vzamemo iz juhe, pustimo, da se juha ohladi in odstranimo odvečno maščobo.
e) Ko zmorete, redkev narežite na ⅛ debele rezine.
f) Meso z narezanimi redkvicami vrnemo v juho in tokrat z rezanci ponovno zavremo.
g) Dodamo mlado čebulo in popravimo začimbe s soljo in poprom.
h) Postrezite v jušne sklede in uživajte.

9. Korejsko-ameriška juha z rezanci z nožem

Čas priprave: 15 minut
Čas kuhanja: 25 minut
Obroki: 4 osebe

SESTAVINE
½ čajne žličke mletega česna
4 ½ skodelice posušene juhe iz sardonov in alg ali vode
½ čajne žličke fine morske soli
1 čajna žlička sojine omake
Voda za kuhanje rezancev
1,7 unč korenja, narezanega na tanke trakove
10 unč kalguksu ali ramen rezancev
1,4 unče gob shitake, narezanih na tanke rezine
3,5 unče bučke, narezane na tanke rezine
3,5 unč kozic, odstranjena glava in rep, razrezane
4,5 unč svežih ali zamrznjenih školjk, očiščenih
1 čebula, sesekljana

NAVODILA
1. Na kuhalnik pristavimo dva lonca, enega z vodo za rezance in segrevamo, dokler ne zavre. Drugi uporabite velik lonec in dodajte osnovo alg ali vodo ter zavrite.
2. Rezance kuhajte 3 minute, precedite in sperite, ko so pripravljeni ter odložite na stran.
3. V glavni lonec dodajte korenje, gobe in bučke, kuhajte 2 minuti, nato dodajte školjke in kozice še 2 minuti.
4. Nazadnje dodajte rezance in premešajte.
5. Vroče postrezite v skledah.
6. Opomba. Če namesto jušne osnove uporabite vodo, dodajte dodatno sojino omako in začimbe za dodaten okus.

10. Juha iz svinjskega vratu

Čas priprave: 120 minut
Čas kuhanja: 120 minut
Obroki: 4 osebe

SESTAVINE
1 majhna čebula
3-kilogramski svinjski vrat
10 zrn črnega popra
1 kos svežega ingverja, olupljen v velikosti palca
3 žlice perilinih semen v prahu
10 strokov česna
3 žlice riževega vina
1 čajna žlička mletega ingverja
3 žlice korejsko-ameriške rdeče paprike v prahu
3 žlice ribje omake
4 majhni kremasti krompirji, olupljeni
1 šopek kitajskega zelja ali bok choya
5 kapesant, sesekljanih
Začimbe po okusu
10 listov perile

NAVODILA

1. Svinjino postavite v vodo in namočite 120 minut, po 60 minutah vodo očistite.
2. Ko je meso pripravljeno, dajte meso v velik lonec, pokrijte z vodo in segrevajte, dokler ne zavre, pustite vreti 6 minut.
3. Sedaj odcedite vodo in meso sperite s hladno vodo.
4. Očistite lonec, nato ponovno dodajte meso in nalijte toliko vode, da ga pokrije.
5. Vanjo stresite celo čebulo, 4 stroke česna, ingver in poper v zrnju, segrevajte, dokler ne zavre, zmanjšajte ogenj in kuhajte 90 minut.
6. Medtem zmešajte riževo vino, semena perile v prahu, rdečo papriko, ribjo omako, 6 strokov česna in ingver v prahu.
7. Ko je omaka dobro premešana, jo odložite na stran.
8. Ko ste pripravljeni, vzemite svinjino iz juhe in jo odložite na stran.
9. Odstranite ingver, čebulo in česen, zdaj vrnite svinjino.
10. Krompir z omako premešamo in začinimo ter kuhamo še 20 minut.
11. Nazadnje dodajte liste perile in zelje ter kuhajte 2-3 minute.
12. Postrezite v skledah z mlado čebulo in črnim poprom po vrhu.

GLAVNA JED

11. Gyeranbap s praženimi morskimi algami

Služi 1

SESTAVINE
- 1 skodelica kuhanega belega riža, po možnosti svežega
- 2 žlički praženega sezamovega olja
- $\frac{3}{4}$ čajne žličke sojine omake, plus več po okusu
- 2 veliki jajci
- 1 (5-gramski) zavojček gima, zdrobljen z rokami
- Kapre, za serviranje
- Sveže mleti črni poper

Navodila
a) Dodajte riž v srednje veliko skledo in odstavite.
b) V srednji ponvi proti prijemanju segrejte sezamovo olje in sojino omako na močnem ognju. Razpokajte jajca. Zmanjšajte ogenj, če je brizganje preveč, sicer pa samo kuhajte, dokler se beljaki ne zgostijo, rahlo hrustljavo ob robovih in območje beljakov okoli rumenjaka ni več tekoče, približno 1 minuto (če je ponev dovolj vroča; dlje, če ni). Poleg tega bi morala sojina omaka obarvati beljake in nabrekniti ter se spremeniti v lepljivo glazuro.
c) Ocvrta jajca prelijte po rižu, prhajte z gimom in potresite z nekaj kaprami. Začinimo s poprom. Pred okušanjem vse skupaj premešamo z žlico. Tukaj lahko prilagodite začimbe in po potrebi dodate več sojine omake.

12. Goveji Bulgogi

Čas priprave: 10 minut
Čas kuhanja: 5 minut
Obroki: 4 osebe

SESTAVINE
- 2 ½ žlici belega sladkorja
- 1 funt zrezka, narezanega na tanke rezine
- ¼ skodelice sesekljane čebulice
- 5 žlic sojine omake
- 2 žlici mletega česna
- ½ čajne žličke mletega črnega popra
- 2 žlici sezamovega olja
- 2 žlici sezamovih semen

NAVODILA
a) Meso položite v posodo z nizko stranjo.
b) V skledi zmešajte sladkor, česen, sojino omako, sezamovo seme in olje ter mlado čebulo in črni poper.
c) Pokapljamo po govedini in posodo pokrijemo, nato pa počivamo 60 minut, dlje, bolje tudi čez noč, v hladilniku.
d) Ko ste pripravljeni, segrejte žar ali BBQ in naoljite rešetko.
e) Ko je meso vroče, ga 2 minuti pečemo na žaru z obeh strani in postrežemo.

13. Korejsko-ameriški BBQ s kratkimi rebrci

Čas priprave: 15 minut
Čas kuhanja: 10 minut
Obroki: 5 oseb

SESTAVINE
- 3 žlice belega kisa
- ¾ skodelice sojine omake
- ¼ skodelice temno rjavega sladkorja
- ¾ skodelice vode
- 1 žlica črnega popra
- 2 žlici belega sladkorja
- ¼ skodelice mletega česna
- 3 funtov kratka rebra v korejsko-ameriškem slogu, prerezana čez kosti
- 2 žlici sezamovega olja
- ½ velike čebule, sesekljane

NAVODILA
a) V stekleni ali nerjaveči posodi zmešajte kis, sojino omako in vodo.
b) Sedaj stepite dva sladkorja, olje, čebulo, poper in česen, stepajte, dokler se sladkorji ne stopijo.
c) Rebrca položimo v omako in pokrijemo s prozorno folijo ter postavimo v hladilnik za najmanj 7 ur.
d) Ko ste pripravljeni za peko, segrejte vrtni žar.
e) Rebra vzamemo iz marinade in pečemo na žaru 6 minut na obeh straneh.

14. Korejsko-ameriški piščanec

Čas priprave: 45 minut
Čas kuhanja: 20 minut
Obroki: 4 osebe

SESTAVINE

- 2 žlici sezamovih semen
- 1 - 3-kilogramski cel piščanec
- $\frac{1}{8}$ čajne žličke soli
- $\frac{1}{4}$ skodelice sojine omake
- 1 čebula, mleto
- $\frac{1}{8}$ čajne žličke mletega črnega popra
- 1 strok česna
- 1 žlica belega sladkorja
- 1 čajna žlička arašidovega masla
- 1 čajna žlička mononatrijevega glutamata

NAVODILA

a) Piščanca odstranite s kosti z ostrim nožem.
b) Meso narežite na $\frac{1}{2}$ palca debele rezine, 2 kvadratne centimetre, meso položite v skledo s sojino omako.
c) V suhi ponvi prepražimo sezamovo seme, ki ga, ko začne pokati, preložimo v leseno skledo in posolimo.
d) Nato s hrbtno stranjo žlice zdrobite semena.
e) Ko postane fino, dodajte česen, poper, sladkor, čebulo, mononatrij in olje dobro premešajte.
f) Piščanca zmešajte s sojino omako in pustite, da se marinira 30 minut.
g) Uporabimo isto ponev kot prej in pokrito pražimo na nizki temperaturi.
h) Ko se zmehča, je pripravljeno, morda boste potrebovali malo vode, da ostane vlažno med kuhanjem.

15. Korejsko-ameriški zrezek

Čas priprave: 20 minut
Čas kuhanja: 10 minut
Obroki: 6 oseb

SESTAVINE
- 5 žlic belega sladkorja
- 2 funta škotskega fileja, narezanega na tanke rezine
- 2 ½ žlici sezamovih semen
- ½ skodelice sojine omake
- 2 stroka česna, zdrobljena
- 2 žlici sezamovega olja
- 5 žlic mirina, japonskega sladkega vina
- 3 tanko narezane šalotke

NAVODILA
a) Zmešajte sezamovo seme in olje, česen, sojino omako, šalotko, sladkor in mirin.
b) Meso položimo v omako in vmešamo v meso, pokrijemo in postavimo v hladilnik za 12 ur.
c) Ko je pripravljeno, segrejte ponev na srednji vročini in pražite meso 6-8 minut ali dokler ni kuhano.
d) Postrezite z ocvrtim rižem ali solato.

16. Chap Chee rezanci

Čas priprave: 35 minut
Čas kuhanja: 20 minut
Obroki: 4 osebe

SESTAVINE
- 2 glavici, drobno narezani
- 1 žlica sojine omake
- 1 čajna žlička sezamovih semen
- 1 žlica sezamovega olja
- 1 strok česna, sesekljan
- ¼ čajne žličke črnega popra
- 2 žlici rastlinskega olja
- 1 čajna žlička sladkorja
- ½ skodelice na tanke rezine narezanega korenja
- ¼ funta zgornjega govejega fileja, narezanega na tanke rezine
- ¼ funta narezanega zelja Napa
- 3 unče celofanskih rezancev, namočenih v topli vodi
- ½ skodelice narezanih bambusovih poganjkov
- 2 skodelici sveže narezane špinače
- 1 žlica sladkorja
- ¼ čajne žličke črnega popra
- 2 žlici sojine omake
- ½ čajne žličke soli

NAVODILA

a) V veliki skledi zmešajte sezamovo olje in semena, mlado čebulo, 1 žlico sojine omake, čajno žličko sladkorja, česen in $\frac{1}{4}$ čajne žličke popra.
b) Vmešajte govedino in pustite 15 minut v sobi.
c) Na veliko ponev ali vok, če ga imate, segrejte z malo olja.
d) Govedino prepražimo, dokler ne porjavi, nato dodamo zelje, korenje, bambus in špinačo ter dobro premešamo.
e) Nato vmešajte rezance, 1 žlico sladkorja, poper, sol in 2 žlici soje.
f) Dobro premešajte in zmanjšajte ogenj ter kuhajte, dokler ni vroče.

17. Korejsko-ameriška začinjena marinirana svinjina

Čas priprave: 45 minut
Čas kuhanja: 15 minut
Obroki: 8 oseb

SESTAVINE

- ½ skodelice korejsko-ameriške pekoče paprike
- ¼ skodelice riževega vinskega kisa
- 3 žlice mletega česna
- 2 žlici sojine omake
- 2 žlici rdeče paprike v kosmičih
- 3 žlice belega sladkorja
- ½ čajne žličke črnega popra
- 3 žlice mletega svežega ingverja
- 3 kapestose, narezane na 2 cm dolge kose
- 1-2-kilogramski kos svinjskega hrbta, narezan na ¼ palca debele rezine
- ½ rumene čebule, narezane na ¼ palca debele kolobarje
- ¼ skodelice olja oljne repice

NAVODILA

a) Zmešajte sojo, česen, kosmiče rdeče paprike, sladkor, mlado čebulo, kis, poprovo pasto, ingver, rumeno čebulo in črni poper.
b) Ko je dobro premešano, dodajte narezano svinjino in omako razmažite po svinjini ter dobro premažite.
c) Postavite v vrečko Ziploc in postavite v hladilnik za 3 ure.
d) Ko ste pripravljeni za kuhanje, dodajte olje v ponev in pražite v serijah na srednjem ognju.
e) Ko postane zlat in v sredini ni več rožnat, ga preložimo na krožnike.
f) Postrezite z rižem in solato.

18. Korejsko-ameriški mariniran zrezek z bokov

Čas priprave: 15 minut
Čas kuhanja: 15 minut
Obroki: 6 oseb

SESTAVINE
- 1 čebula, grobo sesekljana
- 4 stroki česna
- 2 ½ skodelice sojine omake z nizko vsebnostjo natrija
- 1 čajna žlička mletega svežega ingverja
- ¼ skodelice praženega sezamovega olja
- 2 žlici nezačinjenega sredstva za mehčanje mesa
- 2 funta govejega zrezka, obrezan
- 3 žlice Worcestershire omake
- 1 skodelica belega sladkorja

NAVODILA
a) Ingver, česen in čebulo dajte v mešalnik, zdaj dodajte sezamovo olje, sladkor, sojino omako, mehčalec in Worcestershire, mešajte, dokler ni gladka.
b) Ko je pripravljena, dodajte omako v vrečko Ziploc ali skledo, če je nimate.
c) Meso zarežemo z nožem in ga položimo v marinado, pustimo čez noč v hladilniku.
d) Segrejte zunanji žar in zrezek pecite 5-6 minut na obe strani, po želji pa tudi dlje.
e) Postrezite.

19. Sladki jagnječji kotleti na žaru z začimbami

Čas priprave: 15 minut
Čas kuhanja: 10 minut
Obroki: 4 osebe

SESTAVINE
- 1 žlica korejsko-ameriške sojine paste
- 2 unči tekočine
- 2 žlici mirina
- 1 ¼ unče korejsko-ameriške čilijeve paste
- 1 žlica sojine omake
- 1 žlica medu
- 1 žlica sezamovega olja
- 16 francosko obrezanih jagnječjih reber
- 1 ½ čajne žličke korejsko-ameriških čilijevih kosmičev
- Sezamova semena za serviranje
- Olje za kuhanje

NAVODILA
a) S skledo zmešajte fižolovo pasto, sake, sojino omako, med, čilijevo pasto, mirin, sezamovo olje in čilijeve kosmiče, dokler ne postane gladko.
b) Postavite jagnjetino in jih razmažite z omako.
c) Čez skledo položite živilsko folijo in postavite v hladilnik za najmanj 4 ure.
d) Ko ste pripravljeni za kuhanje, prižgite žar in rešetke namastite.
e) Jagnječje kosti pokrijemo s folijo, da se ne zažgejo.
f) Kuhajte približno 6-8 minut, na polovici kuhanja jih obrnite.
g) Položite na servirne krožnike in potresite s sezamovimi semeni.

20. Korejsko-ameriška pečena piščančja bedra

Čas priprave: 10 minut
Čas kuhanja: 60 minut
Obroki: 8 oseb

SESTAVINE
- ½ skodelice mletega kapesanta
- 8 piščančjih beder s kožo
- 3 žlice sezamovega olja
- ½ skodelice sojine omake
- 2 žlički mletega česna
- ¼ čajne žličke črnega popra
- 3 žlice medu
- ¼ čajne žličke mletega ingverja

NAVODILA
a) Peč segrejte na 375F.
b) Piščanca s kožo navzdol dodamo v pekač.
c) Preostale sestavine zmešajte v skledi.
d) Piščanca prelijemo z omako in postavimo v pečico.
e) Pečemo v pečici brez pokrova 45 minut.
f) Zdaj piščanca obrnite in kuhajte še 15 minut.
g) Postrezite, ko je kuhan.

21. Začinjen korejsko-ameriški piščanec in krompir

Čas priprave: 15 minut
Čas kuhanja: minute
Obroki: 4 osebe

SESTAVINE
- 2 korenčka, narezana na 2 cm velike kose ali uporabite celih 10 mladih korenčkov
- 2 ½ funta piščančjih beder ali kosov piščanca
- 1 velika čebula, narezana na 8
- 2 velika krompirja, narezana na velike kocke
- 1 zelena paprika, narezana na kocke
- ½ skodelice vode
- 2 žlici belega sladkorja
- 4 stroki česna, sesekljani
- ½ skodelice sojine omake
- 1 čajna žlička svežega ingverja
- 3 žlice korejsko-ameriške paste rdeče paprike ali druge pekoče omake

NAVODILA
a) V lonec dodajte piščanca, čebulo, krompir, ingver, korenje, česen in sladkor ter segrevajte in premešajte.
b) Dodajte sojino omako z vodo, nato vmešajte poprovo pasto.
c) Segrevajte, dokler ne začne vreti, zdaj zmanjšajte ogenj in kuhajte na nizki temperaturi 45 minut.
d) Odstranite, ko je piščančji sok bister.
e) Omaka se bo zgostila, ko se bo začela ohlajati.

REZANCI

22. Solata z fižolovimi rezanci

Čas priprave: 15 minut
Čas kuhanja: 5 minut
Obroki: 4 osebe

SESTAVINE
1 korenček, tanko nariban
½ skodelice mung fižola v prahu
1 libanonska kumara, tanko naribana
1 žlica sezamovega olja
1 dolg rdeč čili, narezan na tanke rezine
2 skodelici mizune ali endivije
Za preliv
1 čajna žlička sezamovih semen, opečenih
2 žlici sojine omake
2 žlički svetlega koruznega sirupa ali medu
1 čajna žlička sezamovega olja
1 žlica rjavega riža ali belega kisa
2 čajni žlički sladkorja
1 čajna žlička korejsko-ameriškega čilija v prahu
1 plehko narežemo na tanko

NAVODILA

1. Dodajte fižol v prahu v 2 ¾ skodelice vode, dobro premešajte in pustite 60 minut na strani.
2. Ko je mešanica pripravljena, dodajte mešanico v ponev in segrevajte, dokler ne začne vreti, ter ves čas mešajte, da se ne zažge.
3. Ko zavre zmanjšajte ogenj in kuhajte 2 minuti.
4. Ko se zgosti, vmešajte sezamovo olje in 1 čajno žličko soli.
5. Odstranite ogenj in zmes vlijte v pomaščen pekač za torte, velik 8 centimetrov.
6. Postavite v hladilnik, dokler se ne strdi, približno 60 minut.
7. Ko so rezanci čvrsti, jih narežite na dolge tanke trakove, tako nastanejo rezanci, ki jih odložite na stran, ko so pripravljeni.
8. Nato dajte vse sestavine za preliv v skledo in dobro premešajte.
9. Dodajte mizuno, kumare, fižolove rezance, čili in korenček ter nežno premešajte.
10. Postrezite.

23. Vermicelli iz sladkega krompirja in goveje meso

Čas priprave: 15 minut
Čas kuhanja: 10 minut
Obroki: 4 osebe

SESTAVINE
- 2 žlici sezamovega olja
- ½ funta fileja govejega očesa, narezanega na tanke rezine
- 2 stroka česna, narezana na tanke rezine
- ⅓ skodelice sojine omake
- 1 žlica sladkornega prahu
- 1 ½ skodelice mešanih azijskih gob
- 5 posušenih gob šitake
- 2 žlici rastlinskega olja
- 1 korenček, nariban
- 2 čebuli, narezani na tanke rezine
- 1 žlica praženih sezamovih semen
- ¼ funta vermicelli iz sladkega krompirja ali vermicelli iz mungo fižola, kuhani in odcejeni
- 3 skodelice mlade špinače, samo listi

NAVODILA
a) Goveje meso dodajte v skledo s sojino omako, sladkorjem, 2 žličkama sezamovega olja in česnom, po vrhu položite oprijemljivo folijo in postavite v hladilnik za 30 minut.
b) Med čakanjem posušene gobe za 30 minut namočimo v vrelo vodo, ko so gobe odcedimo in narežemo.
c) Nato dajte 1 žlico rastlinskega olja v ponev ali vok z visokimi stranicami.
d) Ko se segreje, dajte mešane gobe, 1 čajno žličko sezamovega olja in gobe šitake, pražite 3 minute med mešanjem, nato začinite.
e) Sedaj odcedite govedino in pustite marinado ob strani.
f) Ponovno segrejte ponev ali vok z 1 čajno žličko sezamovega olja in preostankom rastlinskega olja.
g) Čebulo pražimo 3-5 minut do zlate barve, nato pa ji damo korenje, da se zmehča.
h) Vanj položite goveje meso in kuhajte še 2-3 minute.
i) Zdaj dodajte rezance, vse gobe, špinačo in preostanek sezamovega olja.
j) Zalijemo z marinado in kuhamo še 2 minuti.
k) Ko je vse vroče, potresemo in zaključimo s semeni po vrhu.

24. Začinjeni hladni rezanci

Čas priprave: 15 minut
Čas kuhanja: 10 minut
Obroki: 4 osebe

SESTAVINE
- 2 stroka česna, zdrobljena
- 3 žlice korejsko-ameriškega gochujanga, vroče začinjene paste
- 1 kos svežega ingverja v velikosti palca, olupljen in nariban
- ¼ skodelice riževega vinskega kisa
- 1 čajna žlička sezamovega olja
- 4 redkvice, narezane na tanke rezine
- 2 žlici sojine omake
- 4 jajca, mehko poširana
- 1 ½ skodelice ajdovih rezancev, kuhanih, odcejenih in osveženih
- 1 telegrafska kumara, narezana na velike kose
- 2 čajni žlički, po 1 črnega in belega sezamovega semena
- 1 skodelica kimčija

NAVODILA
1. V skledo dodajte pekočo omako, česen, sojino omako, ingver, vinski kis in sezamovo olje ter jih premešajte.
2. Vstavite rezance in dobro premešajte, pazite, da so obloženi z omako.
3. Postavite v servirne sklede, v vsako dodajte redkev, kimči, jajce in kumaro.
4. Zaključite s posipom semen.

25. Rezanci z omako iz črnega fižola

Čas priprave: 30 minut
Čas kuhanja: 25 minut
Obroki: 3 osebe

SESTAVINE
- 1 skodelica bučk, narezanih na ½ cm velike kose
- ½ funta svinjskega trebuha, narezanega na ½-palčne kocke
- 1 skodelica krompirja, olupljena in narezana na ½-palčne kocke
- 1 skodelica korejsko-ameriške redkvice ali daikona, narezana na ½-palčne kocke
- 1 ½ skodelice čebule, grobo sesekljane
- 2 žlici krompirjevega škroba v prahu zmešate s ½ skodelice vode
- 3 žlice rastlinskega olja
- 1 čajna žlička sezamovega olja
- 1 plus ¼ skodelice paste iz črnega fižola
- ½ skodelice kumare, narezane na tanke rezine, kot vžigalice
- voda
- Rezanci ali riž za serviranje

NAVODILA

a) Dodajte 1 žlico rastlinskega olja v globoko ponev ali vok in segrejte.
b) Ko je svinjina vroča, približno 5 minut prepražite do zlate in hrustljave barve, med cvrtjem pa mešajte.
c) Ko je končano, vzemite odvečno svinjsko maščobo, zdaj dodajte redkev in kuhajte še 1 minuto.
d) Nato dodamo čebulo, krompir in bučke, premešamo in pražimo še 3 minute.
e) Zdaj potisnite vse sestavine do roba voka in na sredino dajte 2 žlici rastlinskega olja, dodajte $\frac{1}{4}$ skodelice paste iz črnega fižola, premešajte in vse skupaj vmešajte od robov.
f) Zalijemo z 2 skodelicama vode, vok pokrijemo in kuhamo 10 minut.
g) Preizkusite, ali je zelenjava kuhana, če je, dodajte škrobno vodo in mešajte, dokler ne postane gosta.
h) Na koncu dajte sezamovo seme in odstavite toploto.
i) Postrezite z rižem ali rezanci.

26. Korejsko-ameriška skleda s piščančjimi rezanci

Čas priprave: 30 minut
Čas kuhanja: 10 minut
Obroki: 4 osebe

SESTAVINE
1 - 1 inch kos svežega ingverja, nariban
¼ skodelice tamarija, temne sojine omake
1 funt polnozrnatih špagetov
Začimbe po okusu
2 velika stroka česna, nastrgana
2 žlici paradižnikove paste
1 žlica sezamovega olja
3 žlice medu ali agavinega sirupa
2 žlici riževega vinskega kisa
2 žlici paradižnikove paste
2 žlici rastlinskega olja
¼ manjšega zelja, drobno narezanega
1 šop kapesant, narezanih pod kotom
1 čajna žlička pekoče omake
Pražena sezamova semena za zaključek
1 funt piščančjega stegna ali prsi, brez kosti in kože, narezanega na trakove
½ rdeče paprike, narezane na kocke ali rezine

NAVODILA

1. Segrejte lonec z vrelo slano vodo in skuhajte testenine, tako da ostanejo rahlo hrustljave, ne razmočene.
2. Medtem v mešalnik dodajte ingver, česen, malo vrele vode, sol, kis, med, sezamovo olje, tamari, pekočo omako in paradižnikovo pasto, premešajte, dokler ni gladka.
3. Dodajte rastlinsko olje v vok ali ponev in segrejte.
4. Ko se segrejejo, približno 3 minute pražite piščančje trakove, dokler ne postanejo zlatorjavi, nato dodajte papriko in zelje še 2 minuti.
5. Nato dodajte omako in mlado čebulo, kuhajte še 1 minuto.
6. Piščanca položite čez rezance in zaključite s semeni na vrhu.
7. Po želji postrezite z dodatno pekočo omako.
8. Ta recept lahko po potrebi uporabite s svinjino.

27. Začinjeni rezanci z jajcem in kumaro

Čas priprave: 10 minut
Čas kuhanja: 5 minut
Obroki: 4 osebe

SESTAVINE
1 žlica korejsko-ameriškega čilija v prahu
1 ½ skodelice kimčija, sesekljanega
1 ½ skodelice rjavega riževega kisa
2 žlici čilijeve paste
2 žlici sladkorja v prahu
1 žlica sezamovega olja
¼ funtov myeon rezancev
1 žlica sojine omake
½ skodelice tanko narezanega zelja ali zelene solate
1 kumaro narežite na tanke rezine, odstranite kožo
2 trdo kuhani jajci, razpolovljeni

NAVODILA
1. V skledi zmešajte čilijevo pasto, sojino omako, kimči, rižev kis, sezamovo olje, čili v prahu in sladkor ter odložite na stran.
2. Rezance položite v vrelo vodo in kuhajte 3-4 minute, ko so mehki, osvežite pod tekočo hladno vodo in odcedite.
3. Hladne ali ohlajene rezance dajte v skledo z omako in premešajte.
4. Rezance položite v servirne sklede in jih potresite z narezano kumaro, 1 sezamovim listom, zeljem ali zeleno solato in zaključite s polovico jajca.

28. Korejsko-ameriški hladni rezanci

Čas priprave: 15 minut
Čas kuhanja: 10 minut
Obroki: 2 osebi

SESTAVINE
- 2 skodelici goveje juhe
- ¼ funta ajdovih rezancev, naengyun not soba ali memil gooksu
- 1 žlica rjavega riževega sladkorja
- 2 skodelici piščančje juhe, nesoljene
- 1 žlica rjavega riževega kisa
- 1 manjšo azijsko hruško narežite na zelo tanke rezine
- 2 žlici belega sladkorja
- ½ korejsko-ameriške kumare, očiščene pečk in narezane na tanke trakove
- 1 trdo kuhano jajce
- Ledene kocke za postrežbo
- ¼ skodelice vložene redkvice
- Na tanke rezine narezan kuhan prsi ali goveja krača

NAVODILA
a) Zmešajte govejo in piščančjo juho, nato vmešajte kis in popravite začimbe.
b) Zmes postavimo v hladilnik, da počiva 30 minut.
c) Medtem v vreli vodi skuhamo rezance po navodilih na embalaži.
d) Ko je končano, osvežite pod tekočo hladno vodo in odcedite.
e) Rezance položite v servirne sklede.
f) Zdaj prosto prelijte juho in položite kocke ledu, da prekrijete rezance.

29. Pikantna korejsko-ameriška polžja solata

Čas priprave: 20 minut
Čas kuhanja: 10 minut
Obroki: 3-4 osebe

SESTAVINE
- ½ čebule, narezane na tanke rezine
- 1 velika ali 2 majhni pločevinki golbanygi, morski polži
- ½ korenčka narezanega na vžigalice
- ¼ zelja, narezanega na tanke rezine
- 1 majhna kumara, narezana na tanke rezine pod kotom
- 2 žlici korejsko-ameriških kosmičev čilija
- 1 strok česna, drobno sesekljan
- 2 žlici riževega vinskega kisa
- 2 žlici korejsko-ameriške čilijeve paste
- 1 žlica izvlečka korejsko-ameriške slive
- 1 čebula, sesekljana
- 1 žlica sladkorja
- 1 žlica praženih sezamovih semen
- Korejsko-ameriški tanki pšenični rezanci ali vermicelli

NAVODILA

a) Morske polže odcedimo, 1 žlico soka pa pustimo, če so kosi veliki, jih prerežemo na pol.
b) Uporabite veliko skledo in dodajte korenje, zelje, kumare, polže in čebulo, ki jih postavite na eno stran.
c) Nato vzemite manjšo skledo in za omako zmešajte čilijevo pasto, sladkor, česen, čilijeve kosmiče, slivov ekstrakt, kis, polžji sok in sezamova semena.
d) Zelenjavo po žlicah premešamo in dobro premešamo, postavimo v hladilnik, medtem ko skuhamo rezance.

5. V vrelo vodo dodajte rezance in jih skuhajte po navodilih na embalaži.
6. Ko je pripravljeno, osvežite pod tekočo vodo in odcedite.
7. Ko ste pripravljeni za postrežbo, oboje skupaj zmešajte in uživajte.

30. Začinjeni soba rezanci

Čas priprave: minute
Čas kuhanja: minute
Obroki: 8-10 oseb

SESTAVINE
- ½ korejsko-ameriške redkvice ali daikona, narezanega na 2-palčne trakove, široke ½ palca
- 1 paket korejsko-ameriških soba rezancev
- 1 žlica soli
- 1 azijsko kumaro, prepolovite, odstranite semena in narežite pod kotom
- 2 žlici kisa
- 4 kuhana jajca, razpolovljena
- 2 žlici sladkorja

ZA OMAKO
- ¼ skodelice sojine omake
- ½ srednje velike čebule, olupljene in narezane na kocke
- ½ skodelice vode
- 1 strok česna
- ½ jabolka, olupljenega in narezanega na kocke
- 3 žlice vode ali ananasovega soka
- 3 rezine ananasa enake jabolku
- ⅓ skodelice rjavega sladkorja
- 1 skodelica korejsko-ameriških čilijevih kosmičev
- 3 žlice medu
- ¼ skodelice belega sladkorja
- ½ čajne žličke ingverja v prahu
- 1 žlica praženih sezamovih semen
- 1 čajna žlička soli
- 2 žlici sezamovega olja
- 1 čajna žlička korejsko-ameriške gorčice ali dijonske gorčice

NAVODILA

a) Priprava omake V ponvi zmešajte sojino omako s $\frac{1}{2}$ skodelice vode in zavrite.
b) Ko zavre, odstavimo z ognja in pustimo na eni strani.
c) Dodajte čebulo, česen, jabolko, ananas in 3 žlice vode ali soka v mešalnik, mešajte, dokler ne dobite pireja.
d) Zmes za pire vmešajte v sojino omako in dodajte preostale sestavine omake.
e) Zmes vlijemo v predušno posodo in postavimo v hladilnik za 24 ur.
f) Sladkor, redkev, sol in kis skupaj damo v skledo in pustimo stati 15-20 minut, potem pa iz mešanice iztisnemo odvečno tekočino.
g) Rezance položite v vrelo vodo in skuhajte po navodilih, ko so gotovi, osvežite pod hladno vodo.
h) Ob serviranju dodajte rezance na krožnike, prelijte s 3 žlicami omake in zaključite z redkvico in kumaro po vrhu.
i) Če so rezanci dolgi, jih lahko narežemo s škarjami.

31. Korejsko-ameriški rezanci z zelenjavo

Čas priprave: 15 minut
Čas kuhanja: 20 minut
Obroki: 4 osebe

SESTAVINE
3 žlice azijskega sezamovega olja
6 unč tankih fižolovih rezancev
3 žlice sladkorja
½ skodelice tamarija
1 žlica olja žafranike
1 žlica sesekljanega česna
3 srednje veliki korenčki, narezani na vžigalice debeline ⅛
3 skodelice mlade špinače
1 srednja čebula, narezana na ⅛ rezine
¼ funta gob, narezanih na ⅛ rezine

NAVODILA
1. Rezance damo v vodo in namakamo 10 minut, da se zmehčajo, nato jih odcedimo.
2. Rezance dodajte v vrelo vodo za 2 minuti, ko postanejo mehki, jih odcedite in osvežite pod hladno vodo.
3. Sladkor, sezamovo olje in česen dajte v mešalnik in stepite do gladkega.
4. Nato dodajte olje v 12-palčno ponev, ko se začne kaditi, dodajte korenje s čebulo in pražite 3 minute.
5. Zdaj dodajte gobe za nadaljnje 3 minute, mešajte špinačo za 30 sekund, nato pa rezance.
6. Pokapljajte v tamari mešanico in premešajte.
7. Znižajte ogenj in kuhajte na nizki temperaturi 4 minute.
8. Postrezite toplo ali hladno.

ULIČNA HRANA IN PRIGRIZKI

32. Vročeteok z zelenjavo in rezanci

Čas priprave: 30 minut
Čas kuhanja: 5 minut
Obroki: 10 oseb

SESTAVINE
ZA TESTO
- 2 žlički suhega kvasa
- 1 skodelica tople vode
- ½ čajne žličke soli
- 2 skodelici večnamenske moke
- 2 žlici sladkorja
- 1 žlica rastlinskega olja

ZA POLNILO
- 1 žlica sladkorja
- 3 unče rezancev iz sladkega krompirjevega škroba
- ¼ čajne žličke mletega črnega popra
- 2 žlici sojine omake
- 3 unče azijskega drobnjaka, narezanega na drobno
- 1 srednja čebula, narezana na majhne kocke
- 1 čajna žlička sezamovega olja
- 3 unče korenja, narezanega na majhne kocke
- Olje za kuhanje

NAVODILA

a) Če želite narediti testo, v skledi zmešajte sladkor, kvas in toplo vodo, mešajte, dokler se kvas ne stopi, zdaj zmešajte 1 žlico rastlinskega olja in sol, dobro premešajte.
b) Vmešajte moko in zmesite v testo, ko postane gladko, pustite počivati 1 ¼ ure, da vzhaja, med vzhajanjem iztisnite zrak, pokrijte in odložite na stran.
c) Medtem zavremo vodo in skuhamo rezance, občasno premešamo, kuhamo 6 minut pod pokrovom.
d) Osvežite pod hladno vodo, ko se zmehčajo, nato odcedite.
e) S škarjami jih narežite na ¼-palčne kose.
f) V veliko ponev ali vok dodajte 1 žlico olja in pražite rezance 1 minuto, med mešanjem dodajte sladkor, sojino omako in črni poper.
g) Dodamo drobnjak, korenček in čebulo ter dobro premešamo.
h) Ko je končano, odstavite z ognja.
i) Nato dajte 1 žlico olja v drugo ponev in segrejte, ko se segreje, zmanjšajte toploto na srednje.
j) Roko namažite z oljem, vzemite ½ skodelice testa in pritisnite v ravno okroglo obliko.
k) Zdaj dodajte nekaj nadeva in zložite robove v kroglo, tako da robove zalepite.
l) Postavite v ponev z zaprtim koncem navzdol, kuhajte 30 sekund, nato ga obrnite in stisnite navzdol, da postane približno 4 cm okrogel, to naredite z lopatico.
m) Kuhajte še 2-3 minute, dokler ne postane hrustljavo in zlato po celem.
n) Položimo na kuhinjski papir, da odstranimo odvečno maščobo in ponovimo s preostalim delom testa.
o) Postrezite toplo.

33. Jajčni kruh

Čas priprave: 10 minut
Čas kuhanja: 15 minut
Obroki: 3 osebe

SESTAVINE
- 3 žlice sladkorja
- 1 čajna žlička pecilnega praška
- 1 žlica nesoljenega masla, stopljenega
- ½ skodelice večnamenske moke
- Ščepec soli
- ½ čajne žličke vanilijevega ekstrakta
- 4 jajca
- 1 palčka mocarele, narezana na 6 kosov
- ½ skodelice mleka
- 1 čajna žlička jedilnega olja

NAVODILA
a) Zmešajte sol, moko, sladkor, maslo, vanilijo, 1 jajce, pecilni prašek in mleko ter stepajte dokler ne postane gladko
b) Segrejte štedilnik na 400F in z oljem namastite 3 majhne pekače za štruce, veliki morajo biti približno 4×2×1 ½ palca.
c) Testo enakomerno vlijemo v modelčke, tako da jih napolnimo do polovice.
d) V mešanico položite 2 kosa sira na zunanjo stran, tako da je sredina čista.
e) Nato razbijte 1 jajce v sredino vsakega kositra.
f) Pecite v pečici na srednji rešetki 13-15 minut, odvisno od tega, kako želite kuhati jajce.
g) Vzemite, ko je pripravljeno, in postrezite vroče.

34. Vroča in začinjena riževa torta

Čas priprave: 10 minut
Čas kuhanja: 30 minut
Obroki: 4-6 oseb

SESTAVINE
- 4 skodelice vode
- 6×8-palčne posušene alge
- 1 funt rižev kolač v obliki valja
- 7 večjih očiščenih inčunov
- ⅛ skodelice korejsko-ameriške pekoče paprike
- 3 kapesatone, narezane na 3 palčne dolžine
- 1 žlica sladkorja
- ½ funta ribjih pogač
- 1 žlica pekoče paprike v kosmičih
- 2 trdo kuhani jajci

NAVODILA
a) Kelp in inčune dajte v plitvo ponev z vodo in segrevajte ter pustite vreti 15 minut brez pokrova.
b) Z majhno skledo zmešajte poprove kosmiče in pasto s sladkorjem.
c) Iz ponve vzamemo alge in inčune ter damo rižev kolač, mešanico popra, mlado čebulo, jajca in ribje kolačke.
d) Zaloga mora biti približno 2 ½ skodelice.
e) Ko začne vreti, nežno premešajte in pustite, da se zgosti 14 minut, zdaj bi moralo izgledati bleščeče.
f) Če rižev kolač ni mehak, dodajte še malo vode in kuhajte še malo.
g) Ko je pripravljen, ugasnite ogenj in postrezite.

35. Korejsko-ameriške palačinke z morsko hrano

Čas priprave: 15 minut
Čas kuhanja: 10 minut
Obroki: 4-6 oseb

SESTAVINE
ZA PALAČINKE
- 2 srednji jajci
- 2 skodelici mešanice za palačinke, korejsko-ameriške
- ½ čajne žličke soli
- 1 ½ skodelice vode
- 2 unči školjk
- 12 srednje velikih korenin kapesant, narezanih
- 2 unči lignjev
- ¾ skodelice rastlinskega olja
- 2 unč kozic, očiščenih in razrezanih
- 4 srednje velike paprike, narezane pod kotom

ZA OMAKO
- 1 žlica kisa
- 1 žlica sojine omake
- 4 srednje velike paprike, narezane pod kotom
- ¼ čajne žličke česna
- 1 žlica vode

NAVODILA
a) Dodajte nekaj soli v skledo z vodo in operite in odcedite morske sadeže, odložite na stran.
b) Nato zmešajte skupaj v ločeni skledi, vodo, rdeče in zelene čilije, sojino omako, česen in kis, postavite na eno stran.
c) V drugi skledi stepite jajca, mešanico za palačinke, hladno vodo in sol, dokler ne postane kremasta.
d) Postavite na ponev, rahlo namastite in segrejte.
e) Uporabite merico za $\frac{1}{2}$ skodelice in mešanico vlijte v vročo ponev.
f) Zavihajte naokoli, da se mešanica izravna, zdaj pa na vrh položite 6 kosov kapesant, dodajte čili in morske sadeže.
g) Hrano rahlo vtisnemo v palačinko, nato pa po vrhu dodamo še $\frac{1}{2}$ skodelice mešanice.
h) Kuhajte, dokler osnova ni zlata, približno 5 minut.
i) Zdaj palačinko nežno obrnite, ob robu dodajte malo olja in pecite še 5 minut.
j) Ko je končano, obrnite nazaj in vzemite iz ponve.
k) Enako storite s preostalim testom.

36. Veganski Bulgolgi sendvič

Čas priprave: 20 minut
Čas kuhanja: 5-8 minut
Obroki: 4 osebe

SESTAVINE
- ½ srednje narezane čebule
- 4 majhne žemlje za hamburger
- 4 listi rdeče solate
- 2 skodelici sojinih kodrov
- 4 rezine veganskega sira
- Bio majoneza

ZA MARINADO
- 1 žlica sezamovega olja
- 2 žlici sojine omake
- 1 čajna žlička sezamovih semen
- 2 žlici agave ali sladkorja
- ½ čajne žličke mletega črnega popra
- 2 glavici, sesekljani
- ½ azijske hruške, po želji narezane na kocke
- ½ žlice belega vina
- 1-2 zeleni korejsko-ameriški čili papriki, narezani na kocke
- 2 stroka česna, zdrobljena

NAVODILA

a) Naredite sojine kodre po navodilih na embalaži.
b) Nato dajte vse sestavine za marinado skupaj v veliko skledo in premešajte, da nastane omaka.
c) Z nežnim stiskanjem odstranite vodo iz sojinih kodrov.
d) Dodajte kodre z narezano čebulo v mešanico marinade in premažite vse.
e) V vročo ponev dodajte 1 žlico olja, nato dodajte celotno mešanico in pražite 5 minut, dokler čebula in kodri ne zlato porjavijo in se omaka zgosti.
f) Medtem na kruhu popečemo žemljice za hamburger s sirom.
g) Namažite z majonezo, sledi mešanica kodrov in zaključite z listi solate na vrhu.

37. Korejsko-ameriška torta s slanino in jajci

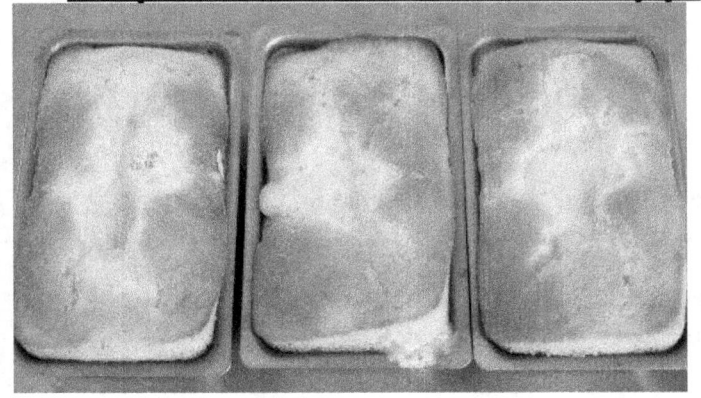

Čas priprave: 25 minut
Čas kuhanja: 15 minut
Obroki: 6 oseb

SESTAVINE

Za kruh
½ skodelice mleka
¾ skodelice samovzhajajoče moke ali mešane moke z ¼ čajne žličke pecilnega praška
4 žličke sladkorja
1 jajce
1 čajna žlička masla ali oljčnega olja
¼ čajne žličke soli
¼ čajne žličke vaniljeve esence
Za nadev
1 rezina slanine
Sol po okusu
6 jajc

NAVODILA

1. Segrejte štedilnik na 375F.
2. V skledi zmešajte ¼ čajne žličke soli, moko in 4 čajne žličke sladkorja.
3. Jajce razbijte v mešanico in dobro premešajte.
4. Počasi prilivajte mleko, po malem, dokler ne postane gosto.
5. Pekač namastite z mastjo, nato pa na pekač položite mešanico moke in ga oblikujte v 6 ovalnih oblik, lahko pa uporabite tudi papirnate skodelice za torte.
6. Če oblikujete, naredite majhne vdolbine v vsako in razbijte jajce v vsako luknjo ali na vrhu vsake tortne skodelice.
7. Slanino nasekljajte in potresite po vsaki, če imate pri roki peteršilj, dodajte tudi malo.
8. Kuhamo 12-15 minut.
9. Vzemite ven in uživajte.

38. Korejsko-ameriški riž curry

Čas priprave: 20 minut
Čas kuhanja: 30 minut
Obroki: 4 osebe

SESTAVINE
- 1 srednje velik korenček, olupljen in narezan na kocke
- 7 unč govedine, narezane na kocke
- 2 čebuli, sesekljani
- 2 krompirja, olupljena in narezana na kocke
- ½ čajne žličke česna v prahu
- Začimbe po okusu
- 1 srednja bučka, narezana na kocke
- Rastlinsko olje za kuhanje
- 4 unče mešanice karijeve omake

NAVODILA
a) V vok ali globoko ponev damo malo olja in ga segrejemo.
b) Začinite govedino in dodajte olje, mešajte in kuhajte 2 minuti.
c) Nato dodamo čebulo, krompir, česen v prahu in korenje, pražimo še 5 minut, nato dodamo bučke.
d) Zalijemo s 3 skodelicami vode in segrevamo, dokler ne začne vreti.
e) Zmanjšajte ogenj in na nizki temperaturi kuhajte 15 minut.
f) Počasi dodajajte mešanico karija, dokler ne postane gosta.
g) Prelijte riž in uživajte.

39. Zebra jajčna rolada

Čas priprave: minute
Čas kuhanja: minute
Obroki: 1 oseba

SESTAVINE
- ¼ čajne žličke soli
- 3 jajca
- Olje za kuhanje
- 1 žlica mleka
- 1 list morskih alg

NAVODILA
a) List alg razlomite na koščke.
b) Zdaj razbijte jajca v skledo in dodajte sol z mlekom, stepite skupaj.
c) Na kuhalnik pristavimo ponev in jo segrejemo z malo olja, bolje je, če imate ponev proti prijemanju.
d) Nalijte toliko jajca, da le pokrije dno ponve, nato pa potresite z morskimi algami.
e) Ko je jajce na pol kuhano, ga zvijte in potisnite ob stran ponve.
f) Nato namastite, če je potrebno, in prilagodite ogenj, če je prevroče, položite še eno tanko plast jajc in ponovno potresite s semeni, zdaj prvo razvaljajte po eni strani za kuhanje in položite na drugo stran ponve.
g) To ponavljajte, dokler jajca ne zmanjka.
h) Obrnemo na desko in narežemo.

40. Korejsko-ameriške orehove torte

Čas priprave: 10 minut
Čas kuhanja: 10 minut
Obroki: 12 oseb

SESTAVINE
- 1 pločevinka rdečega fižola azuki
- 1 skodelica mešanice za palačinke ali mešanice za vaflje
- 1 čajna žlička vanilijevega ekstrakta
- 1 žlica sladkorja
- 1 paket orehov

NAVODILA
a) Naredite mešanico za palačinke v skladu z navodili za zavojček z dodatnim sladkorjem.
b) Ko je mešanica pripravljena, jo dajte v posodo z nastavkom.
c) Uporabite 2 pekača za torte, če jih nimate, lahko uporabite modele za mafine, ki jih segrevajte na štedilniku pri nizki stopnji, pri visoki se bodo zažgali.
d) Mešanico dodajte v prvi model, vendar napolnite le do polovice.
e) Vsakemu na hitro dodajte 1 oreh in 1 čajno žličko rdečega fižola, dajte preostanek mešanice v drugo pločevinko.
f) Nato obrnite prvi kozarec na vrh drugega, poravnajte modele, kuhajte nadaljnjih 30 sekund, ko je drugi kozarec kuhan, odstranite ogenj.
g) Sedaj snemite zgornji pekač in torte preložite na servirni krožnik.

41. Ulični toast sendvič

Čas priprave: 15 minut
Čas kuhanja: 8 minut
Obroki: 2 osebi

SESTAVINE
- ⅔ skodelice zelja, narezanega na tanke trakove
- 4 rezine belega kruha
- 1 žlica soljenega masla
- ⅛ skodelice korenja, narezanega na tanke trakove
- 2 jajci
- ¼ čajne žličke sladkorja
- ½ skodelice kumare, narezane na tanke rezine
- Kečap po okusu
- 1 žlica jedilnega olja
- Majoneza po okusu
- ⅛ čajne žličke soli

NAVODILA

a) V veliki skledi razbijte jajca s soljo, nato dodajte korenje in zelje ter premešajte.
b) Olje damo v globoko ponev in segrejemo.
c) Dodajte polovico mešanice v ponev in oblikujte 2 štruci, ki ju hranite ločeno.
d) Zdaj dodajte preostalo jajčno mešanico na vrh 2 v ponev, kar bo dalo dobro obliko.
e) Kuhajte 2 minuti, nato obrnite in kuhajte še 2 minuti.
f) V ločeni ponvi raztopite polovico masla, ko je vroče, položite dve rezini kruha in obrnite, da obe strani vpijeta maslo, kuhajte približno 3 minute, dokler ne postane zlato na obeh straneh.

7. Ponovite z ostalima 2 rezinama.
8. Ko je kuhano, ga položite na servirne krožnike in na vsakega dodajte $\frac{1}{2}$ sladkorja.
9. Vzemite mešanico ocvrtih jajc in jo položite na kruh.
10. Dodajte kumare in dodajte kečap in majonezo.
11. Drugo rezino kruha položite na vrh in prerežite na dva dela.

42. Globoko ocvrta zelenjava

Čas priprave: minute
Čas kuhanja: minute
Obroki: 15 oseb

SESTAVINE
- 1 svež rdeč čili, prerezan na pol od zgoraj navzdol
- 1 velik korenček olupljen in narezan na $\frac{1}{8}$ paličice
- 2 šopka enoki gob, ločena
- 1 bučka, narezana na $\frac{1}{8}$ paličice
- 4 čebulice, narezane na 2 cm dolge kose
- 6 strokov česna, narezanih na tanke rezine
- 1 srednje velik sladki krompir, narezan na paličice
- 1 srednje velik krompir, narezan na palice
- Rastlinsko olje za cvrtje

ZA TESTO
- $\frac{1}{4}$ skodelice koruznega škroba
- 1 skodelica večnamenske moke
- 1 jajce
- $\frac{1}{4}$ skodelice riževe moke
- 1 $\frac{1}{2}$ skodelice ledeno mrzle vode
- $\frac{1}{2}$ čajne žličke soli

ZA OMAKO
- 1 strok česna
- $\frac{1}{2}$ skodelice sojine omake
- 1 čebula
- $\frac{1}{2}$ čajne žličke riževega kisa
- $\frac{1}{4}$ čajne žličke sezamovega olja
- 1 čajna žlička rjavega sladkorja

NAVODILA

a) Pristavite lonec z vodo, da zavre.
b) Korenje in obe vrsti krompirja damo v vodo, odstavimo z ognja in pustimo 4 minute, nato jih vzamemo iz vode, splaknemo, odcedimo in osušimo s kuhinjskim papirjem.
c) V skledo zmešajte mlado čebulo, bučke, česen in rdečo papriko ter dobro premešajte.
d) Za mešanico testa vse suhe sestavine.
e) Zdaj stepite vodo in jajca, nato dodajte suhim sestavinam in dobro premešajte v testo.
f) Nato naredite omako tako, da skupaj stepete sladkor, kis, sojino in sezamovo olje.
g) Majhno česen in česen na drobno narežite, nato pa vmešajte v sojino mešanico.
h) V vok ali globoko ponev dodajte dovolj olja, olje naj bo globoko približno 3 cm.
i) Ko se olje segreje, zelenjavo pretlačimo skozi testo, pustimo, da odvečna količina odteče, nato pražimo 4 minute.
j) Ko je pripravljen, ga odcedite in posušite na kuhinjskem papirju.
k) Postrezite z omako.

SLADICE

43. Sladke korejsko-ameriške palačinke

Čas priprave: 25 minut
Čas kuhanja: 6 minut
Obroki: 8 oseb

SESTAVINE
1 žlica granuliranega sladkorja
1 ¾ skodelice moke za kruh
2 ¼ čajne žličke instant kvasa
1 ¼ skodelice sladke riževe moke
1 žlica rastlinskega olja
1 čajna žlička soli
5 žlic olja, za cvrtje
1 ½ skodelice mlačnega mleka
Za nadev
1 čajna žlička cimeta
⅔ skodelice rjavega sladkorja
2 žlici drobno sesekljanih oreščkov po vaši izbiri

NAVODILA

1. Z veliko skledo zmešajte kvas, moko, sladkor in sol ter dobro premešajte.
2. Zdaj dajte 1 žlico olja v mleko in vmešajte v suho mešanico, stepajte 2 minuti, nato na vrh položite krpo in počivajte v sobi 60 minut.
3. Ko se podvoji, ga udarite nazaj in ponovno počivajte 15 minut.
4. Medtem zmešajte sestavine za nadev in jih položite na stran.
5. Razdelite mešanico testa na 8 kosov, namažite roke in položite kos za kosom v roko ter ga potisnite navzdol, da oblikujete disk, širok približno 4 cm.
6. Dodajte 1 $\frac{1}{2}$ žlice sladkorne mešanice na sredino, zdaj zložite robove do sredine in zaprite.
7. V ponev dodajte olje in ga segrejte na srednji do nizki stopnji.
8. Položite kroglico v vroče olje z zapečateno stranjo navzdol, nato pritisnite navzdol, da se splošči, za to lahko uporabite lopatico.
9. Če odkrijete luknje, jih zamašite z malo testa.
10. Kuhajte 3 minute, ko je hrustljavo obrnite in kuhajte še 3 minute.
11. Vzemite ven, ko postane zlata.
12. Pustite, da se nekoliko ohladi, preden ga zaužijete, sredica sladkorja bo vroča.

44. Korejsko-ameriške medene poširane hruške

Čas priprave: 5 minut
Čas kuhanja: 20 minut
Obroki: 4 osebe

SESTAVINE
- ½ unče svežega ingverja, olupljenega in na tanke rezine
- 1 funt korejsko-ameriških hrušk, olupljenih
- 24 zrn črnega popra
- 3 skodelice vode
- 2 žlici sladkorja ali medu
- Pinjole za zaključek po želji

NAVODILA
a) V ponev nalijte vodo in dodajte ingver, segrevajte, dokler ne zavre, in pustite 6-8 minut.
b) Medtem narežite hruške na 8 rezin.
c) Zdaj potisnite 3 zrna popra v vsako rezino hruške in pazite, da gredo naravnost noter in ne padejo ven.
d) Ingver vzamemo iz vode in dodamo sladkor ali med ter hruške, pustimo vreti 10 minut.
e) Ko je pripravljen, ga vzemite ven in ohladite, nato pa postavite v hladilnik, da se ohladi.
f) Postrezite hladno ali vroče, če želite, potresite z orešćki.

45. Korejsko-ameriški mlečni ledeni sorbet

Čas priprave: 3 minute
Čas kuhanja: 3 minute
Obroki: 2 osebi

SESTAVINE
- 2 žlici mini mochi riževih kolačkov
- 2 merici sladkane paste iz rdečega fižola
- 4 čajne žličke korejsko-ameriškega večzrnatega prahu
- 2-3 kosi korejsko-ameriških lepljivih riževih kolačkov, obloženih s praženim sojinim prahom, narezanih na $\frac{3}{4}$ inčne kocke
- 4 čajne žličke naravnih mandljevih kosmičev
- Za led
- 2 žlici kondenziranega mleka, sladkanega
- 1 skodelica mleka

NAVODILA
a) Zmešajte kondenzirano mleko in mleko v skodelici z nastavkom za nalivanje.
b) Mešanico dajte v pladenj za led in zamrzujte, dokler ne postane ledena kocka, približno 5 ur.
c) Ko strdijo, jih odstranite in položite v mešalnik ali, če jih lahko obrijete, mešajte, dokler niso gladke.
d) Vse sestavine dajte v servirno skledo, ki je bila ohlajena.
e) Na osnovo dajte 3 žlice sorbeta, nato potresite z 1 žličko večzrnatega prahu.
f) Nato dodajte še 3 žlice sorbeta, nato pa še zrna v prahu.
g) Zdaj na vrh položite riževe kolačke in fižolovo pasto.
h) Potresemo z mandlji in postrežemo.

46. Korejsko-ameriška riževa nabodala

Čas priprave: 10 minut
Čas kuhanja: 10 minut
Obroki: 4 osebe

SESTAVINE
ZA GLAVNO
- Olje za kuhanje
- 32 kosov korejsko-ameriških riževih kolačkov
- 2 žlici zdrobljenih oreščkov po izbiri ali sezamovih semen

ZA OMAKO
- 1 žlica medu
- 1 ½ žlice paradižnikove omake
- 1 čajna žlička temno rjavega sladkorja
- 1 žlica korejsko-ameriške čilijeve paste
- ½ žlice sojine omake
- ¼ čajne žličke mletega česna
- 1 čajna žlička sezamovega olja

NAVODILA
a) Riževe kolačke dodajte v vrelo vodo, da se zmehčajo le za 30 sekund, nato jih sperite pod mrzlo vodo in odcedite.
b) S kuhinjskim papirjem jih posušite od odvečne vode.
c) Na štedilnik pristavimo drugo ponev in dodamo omako Sestavine, segrevamo in mešamo, da se sladkor ali med stopita, nenehno mešamo, da se ne zažge, vzemite, ko se zgosti.
d) Torte nataknite na nabodalo in se prepričajte, da se prilega vaši ponvi.
e) V ponvi segrejemo malo olja, ki ga enkrat segreto položimo na nabodala in pražimo 1 minuto.
f) Vzemite ven in vse skupaj premažite z omako.
g) Zaključite s sezamovimi semeni ali oreščki.

47. Korejsko-ameriška jagodna torta z rolado kivija

Čas priprave: 30 minut
Čas kuhanja: 15 minut
Obroki: 8 oseb

SESTAVINE
- 1 skodelica sladkorja
- 11 žlic večnamenske moke
- 1 žlica vode
- 6 velikih jajc
- 1 žlica vroče vode
- 2 skodelici težke smetane
- 3 žlice rastlinskega olja
- 1 čajna žlička vanilijevega ekstrakta
- 1 skodelica jagod, sesekljanih
- 2 žlici medu
- 1 skodelica narezanega kivija

NAVODILA

a) Segrejte štedilnik na 375F in položite pergamentni papir na pekač 16×11.
b) Moko pretlačimo skozi cedilo v skledo za mešanje.
c) Beljake stepamo 60 sekund, da postanejo penasti, nato pa počasi dodajamo sladkor in stepamo dokler ne doseže vrhov, bolje je, če imate električni mešalnik.
d) Nato nežno dodajajte rumenjake enega za drugim in med dodajanjem stepajte 60 sekund, ko so vsi v mešanici, dodajte vodo in olje ter ponovno stepajte 10 sekund.
e) Zdaj počasi vmešajte moko in dobro premešajte.
f) Zmes za torto dodajte v pekač in pladenj nekajkrat spustite, da iz njega izstopite zrak.
g) Pečemo v pečici 12-15 minut.
h) Ko ste pripravljeni, ga vzemite ven in nanj položite pergamentni papir, nato ga obrnite navzven, odstranite papir s podstavka in ga položite na rešetko za hlajenje.
i) Medtem ko je še topel, ga zvijte s pergamentnim papirjem in ga pustite znotraj tortne rolade.
j) Pustite, da se ohladi še 10 minut.
k) Med čakanjem zmešajte med in vodo ter odložite na stran.
l) Smetano stepamo z vanilijo in preostalim sladkorjem, dokler ne doseže vrha.
m) Nato vzemite torto in jo odvijte, odstranite papir in odrežite en konec pod kotom, da dobite končni videz.
n) Torto namažite z medom in nato s kremo.
o) Dodajte kivi in jagode, nato pa zvijte, okroglo, tako da z zunanje strani položite pergamentni papir.
p) Pustite v hladilniku 20 minut, da obdrži obliko.
q) Vzemite rezino in postrezite.

48. Korejsko-ameriška sladica Yakwa

Čas priprave: 25 minut
Čas kuhanja: 35 minut
Obroki: 6-8 oseb

SESTAVINE
- ¼ skodelice sojuja
- 2 ¼ skodelice moke za pecivo ali srednje beljakovinske moke
- ¼ skodelice medu
- ¼ skodelice sezamovega olja
- 1 čajna žlička pecilnega praška
- 2 žlici sesekljanih pinjol
- ⅛ čajne žličke soli
- 2 žlici stopljenega masla
- ¼ čajne žličke sode bikarbone
- Za sirup
- 2 skodelici vode
- 1 skodelica riževega sirupa
- 1 žlica svežega naribanega ingverja
- 1 skodelica medu

NAVODILA

a) Peč segrejte na 250F.
b) Sol, sodo bikarbono, prašek in moko dajte v skledo in premešajte.
c) Zdaj dodajte sezamovo olje in z rokami premešajte.
d) V manjši skledi zmešajte med in sojo, nato dodajte mešanici za testo in nežno premešajte.
e) Ko imate testo, ga razdelite na 2 dela.
f) Položite 1 polovico na delovno površino in razvaljajte na $\frac{1}{4}$ palca debel pravokotnik.
g) Razrežite ga na kose velikosti 1 × 1 palca ali ga narežite diagonalno, da oblikujete diamante.
h) Z vilicami naredite luknje na vrhu in vrhove vsakega premažite z maslom.
i) Položimo na pekač in pečemo v pečici 15 minut.
j) Medtem dodajte med, vodo in riževi sirup v ponev ali ponev in med mešanjem segrejte do vrenja, nato ugasnite ogenj in vmešajte ingver, pustite ob strani.
k) Povišajte štedilnik na 300F in kuhajte še 10 minut.
l) Sedaj še zadnjič prižgite štedilnik na 350F in kuhajte nadaljnjih 7 minut ali dokler ne postane zlato rjave barve.
m) Ko jih vzamete ven, jih dajte takoj v sirup in pustite stati pol ure, čim dlje tem bolje.
n) Pri serviranju vzemite ven in potresite s pinjolami.

49. Korejsko-ameriški puding iz tapioke

Čas priprave: minute
Čas kuhanja: minute
Obroki: 6 oseb

SESTAVINE
2 ½ velika rumenjaka
3 skodelice polnomastnega mleka
¼ skodelice sladkorja
⅓ skodelice majhnih tapiokinih biserov
1 vanilijev strok
¼ čajne žličke čistega vanilijevega ekstrakta
3 žlice korejsko-ameriškega medeno-citronskega čaja
½ čajne žličke soli

NAVODILA
1. Mleko postavite v držalo za 4 skodelice, dodajte ¾ skodelice v ponev s težkim dnom in dodajte tapioko ter pustite 60 minut.
2. Stepite rumenjake, sladkor in sol, razrežite semena vanilije in odstranite semena ter jih dodajte v držalo za 4 skodelice.
3. Ko je tapioka pripravljena, ji primešamo kremno mešanico in postavimo na štedilnik, dokler ne zavre, ne pozabimo mešati.
4. Ko zavre, zmanjšajte ogenj in kuhajte 20 minut.
5. Odstranite ogenj in vmešajte vanilijev ekstrakt v korejsko-ameriški čaj.
6. Postrezite, ko ste pripravljeni.

50. Korejsko-ameriška začinjena riževa torta

Čas priprave: minute
Čas kuhanja: minute
Obroki: 1 oseba

SESTAVINE
- 2 žlički sladkorja
- 1 skodelica riževe pogače
- 1 čajna žlička sojine omake
- 2 čajni žlički korejsko-ameriške začinjene fižolove paste
- Sezamovo seme za zaključek
- $\frac{3}{4}$ skodelice vode

NAVODILA
a) V lonec dodajte vodo s fižolovo pasto in sladkorjem, segrevajte, dokler ne zavre.
b) Zdaj dodajte rižev kolač, zmanjšajte ogenj in kuhajte na nizki temperaturi 10 minut.
c) Postrezite, ko je pripravljeno.

51. Pečene hruške v Wonton čipsu in medu, cimet Mascarpone

Čas priprave: 20 minut
Čas kuhanja: 45 minut
Obroki: 4 osebe

SESTAVINE
- ½ čajne žličke mletega cimeta, razdeljenega
- 2 korejsko-ameriški hruški
- ½ skodelice plus 1 žlica medu, razdeljeno
- 4 - 6×6 wonton ovojev
- ¼ skodelice mascarponeja
- 1 ½ žlice stopljenega nesoljenega masla

NAVODILA
a) Segrejte štedilnik na 375F in obložite pekač s pergamentnim papirjem.
b) Odrežite ½ palca od dna in vrha hruške.
c) Zdaj jih olupimo in vodoravno prerežemo po sredini, odstranimo semena
d) Zavitke položite na suho ravno površino, v vsak zavitek dodajte razpolovljene hruške in jih potresite s cimetom, nato poškropite s približno 1 žlico medu.
e) Dvignite vogale in zaprite z medom.
f) Položimo jih na pekač in pečemo v pečici 45 minut, če se testo preveč obarva, le pokrijemo z malo folije.
g) Preostanek medu, cimet in mascarpone zmešajte v gladko zmes.
h) Pakete postrezite z mascarponejem.

52. Zdrava sladka riževa torta

Čas priprave: minute
Čas kuhanja: minute
Obroki: 10 oseb

SESTAVINE
- ½ skodelice posušene kaboče ali druge vrste buče
- 1 skodelica namočenih črnih sojinih zrn
- 10 kostanjev, narezanih na četrtine
- 12 posušenih datljev
- ½ skodelice orehov, narezanih na četrtine
- ⅓ skodelice mandljevega obroka
- 5 skodelic zamrznjene mokre sladke riževe moke, odmrznjene
- 3 žlice sladkorja

NAVODILA
a) Bučni rehidrat operemo z žlico vode, po potrebi dodamo še več, da se zmehča.
b) Z veliko skledo zmešajte sladkor, mandljevo moko in riževo moko ter dobro premešajte.
c) Zdaj dodajte 2 žlici vode in z rokami drgnite skupaj, da ne bo grudic.
d) Nato zmešajte preostale sestavine in premešajte.
e) Na kuhalnik pristavimo ponev za kuhanje na pari in z mokro krpo obložimo košaro.
f) Mešanico dodajte z veliko žlico in poravnajte, po vrhu položite krpo in kuhajte na pari pol ure.
g) Ko je pripravljen, ga vzemite ven in ohladite, ko ga boste lahko obvladali, ga obrnite in obrnite na delovno površino.
h) Snemite krpo in izrežite ter oblikujte servirne napitke.

TOPLO KOSILO

53. Sklede za piščančji burrito

SESTAVINE

Chipotle smetanova omaka
- ½ skodelice nemastnega grškega jogurta
- 1 mleta paprika v adobo omaki ali več po okusu
- 1 strok česna, sesekljan
- 1 žlica sveže iztisnjenega limetinega soka

Skleda za burito
- ⅔ skodelice rjavega riža
- 1 žlica olivnega olja
- 1 funt mletega piščanca
- ½ čajne žličke čilija v prahu
- ½ čajne žličke česna v prahu
- ½ čajne žličke mlete kumine
- ½ čajne žličke posušenega origana
- ¼ čajne žličke čebule v prahu
- ¼ čajne žličke paprike
- Košer sol in sveže mlet črni poper po okusu
- 1 (15 unč) pločevinka črnega fižola, odcejena in oprana
- 1 ¾ skodelice koruznih zrn (zamrznjenih, konzerviranih ali praženih)
- ½ skodelice Pico de Petelin (domače ali kupljeno)

NAVODILA

a) ZA KREMNO OMAKO CHIPOTLE: Zmešajte jogurt, papriko Chipotle, česen in limetin sok. Pokrijte in hranite v hladilniku do 3 dni.

b) Riž skuhajte v skladu z navodili za pakiranje v veliki ponvi z 2 skodelicama vode; dati na stran.

c) Segrejte oljčno olje v velikem loncu ali nizozemski pečici na srednje močnem ognju. Dodajte mletega piščanca, čili v prahu, česen v prahu, kumino, origano, čebulo v prahu in papriko; začinite s soljo in poprom. Kuhajte, dokler piščanec ne porjavi, 3 do 5 minut, pazite, da piščanca med kuhanjem razdrobite; odcedite odvečno maščobo.

d) Riž razdelite v posode za pripravo obroka. Na vrh potresemo mešanico mletega piščanca, črnega fižola, koruze in Pico de Petelin. Pokrita bo v hladilniku zdržala 3 do 4 dni. Prelijemo s chipotle smetanovo omako. Po želji okrasite s cilantrom in rezino limete ter postrezite. Ponovno segrevajte v mikrovalovni pečici v 30-sekundnih intervalih, dokler se ne segreje.

54. Piščančja tikka masala

SESTAVINE

- 1 skodelica basmati riža
- 2 žlici nesoljenega masla
- 1 ½ funta piščančjih prsi brez kosti in kože, narezanih na 1-palčne kose
- Košer sol in sveže mlet črni poper po okusu
- 1 čebula, narezana na kocke
- 2 žlici paradižnikove paste
- 1 žlica sveže naribanega ingverja
- 3 stroki česna, sesekljani
- 2 čajni žlički garam masale
- 2 žlički čilija v prahu
- 2 žlički mlete kurkume
- 1 (28 unč) pločevinka paradižnika, narezanega na kocke
- 1 skodelica piščančje juhe
- ⅓ skodelice težke smetane
- 1 žlica svežega limoninega soka
- ¼ skodelice sesekljanih svežih listov cilantra (neobvezno)
- 1 limona, narezana na kolesca (neobvezno)

NAVODILA

a) Riž skuhajte v skladu z navodili za pakiranje v veliki ponvi z 2 skodelicama vode; dati na stran.

b) V veliki ponvi na zmernem ognju stopite maslo. Piščanca začinimo s soljo in poprom. V ponev dodamo piščanca in čebulo ter med občasnim mešanjem kuhamo do zlate barve 4 do 5 minut. Vmešajte paradižnikovo pasto, ingver, česen, garam masalo, čili v prahu in kurkumo ter kuhajte, dokler se dobro ne premeša, 1 do 2 minuti. Primešamo na kocke narezan paradižnik in piščančjo osnovo. Zavremo; zmanjšajte ogenj in med občasnim mešanjem kuhajte, dokler se rahlo ne zgosti, približno 10 minut.

c) Vmešajte smetano, limonin sok in piščanca ter kuhajte, dokler se ne segreje, približno 1 minuto.

d) Mešanico riža in piščanca dajte v posode za pripravo obroka. Po želji okrasite s cilantrom in rezino limone ter postrezite. Pokrito bo hranil v hladilniku 3 do 4 dni. Ponovno segrevajte v mikrovalovni pečici v 30-sekundnih intervalih, dokler se ne segreje.

55. Grške piščančje sklede

SESTAVINE
Piščanec in riž
- 1 funt piščančjih prsi brez kosti in kože
- ¼ skodelice plus 2 žlici olivnega olja, razdeljeno
- 3 stroki česna, sesekljani
- Sok 1 limone
- 1 žlica rdečega vinskega kisa
- 1 žlica posušenega origana
- Košer sol in sveže mlet črni poper po okusu
- ¾ skodelice rjavega riža

Kumarična solata
- 2 angleški kumari, olupljeni in narezani
- ½ skodelice na tanke rezine narezane rdeče čebule
- Sok 1 limone
- 2 žlici ekstra deviškega oljčnega olja
- 1 žlica rdečega vinskega kisa
- 2 stroka česna, stisnjena
- ½ čajne žličke posušenega origana

Tzatziki omaka
- 1 skodelica grškega jogurta
- 1 angleška kumara, na drobno narezana
- 2 stroka česna, stisnjena
- 1 žlica sesekljanega svežega kopra
- 1 čajna žlička naribane limonine lupinice
- 1 žlica sveže iztisnjenega limoninega soka
- 1 čajna žlička sesekljane sveže mete (neobvezno)
- Košer sol in sveže mlet črni poper po okusu
- 2 žlici ekstra deviškega oljčnega olja
- 1 ½ funta češnjevih paradižnikov, prepolovljenih

NAVODILA

a) ZA PIŠČANCA: V galonski vrečki z zadrgo zmešajte piščanca, ¼ skodelice oljčnega olja, česen, limonin sok, kis in origano; začinite s soljo in poprom. Piščanca mariniramo v hladilniku vsaj 20 minut ali največ 1 uro, vrečko občasno obrnemo. Piščanca odcedimo in zavržemo marinado.

b) V veliki ponvi na srednje močnem ognju segrejte preostali 2 žlici oljčnega olja. Dodajte piščanca in kuhajte, enkrat obrnite, dokler ni kuhan, 3 do 4 minute na stran. Pustite, da se ohladi, preden ga narežete na majhne koščke.

c) Riž skuhajte v veliki ponvi z 2 skodelicama vode v skladu z navodili na embalaži.

d) Razdelite riž in piščanca v posode za pripravo obroka. Pokrita bo v hladilniku shranjena do 3 dni.

e) ZA KUMARIČNO SOLATO: V majhni skledi zmešajte kumare, čebulo, limonin sok, olivno olje, kis, česen in origano. Pokrijte in hranite v hladilniku do 3 dni.

f) ZA TZATZIKI OMAKO: V majhni skledi zmešajte jogurt, kumare, česen, koper, limonino lupinico in sok ter meto (če uporabljate). Začinite s soljo in poprom po okusu ter pokapajte z olivnim oljem. Pokrijte in pustite v hladilniku vsaj 10 minut, da se okusi prepojijo. V hladilniku lahko 3 do 4 dni.

g) Za serviranje riž in piščanca segrevajte v mikrovalovni pečici v 30-sekundnih intervalih, dokler se ne segrejeta. Prelijemo s kumarično solato, paradižniki in Tzatziki omako ter postrežemo.

56. Korejsko-ameriške sklede za pripravo govejega obroka

SESTAVINE
- ⅔ skodelice belega ali rjavega riža
- 4 srednja jajca
- 1 žlica olivnega olja
- 2 stroka česna, nasekljana
- 4 skodelice sesekljane špinače

Korejsko-ameriška govedina
- 3 žlice pakiranega rjavega sladkorja
- 3 žlice sojine omake z zmanjšano vsebnostjo natrija
- 1 žlica sveže naribanega ingverja
- 1 ½ čajne žličke sezamovega olja
- ½ čajne žličke sriracha (neobvezno)
- 2 žlički olivnega olja
- 2 stroka česna, nasekljana
- 1-kilogramsko mleto goveje meso
- 2 zeleni čebuli, narezani na tanke rezine (neobvezno)
- ¼ čajne žličke sezamovih semen (neobvezno)

NAVODILA

a) Skuhajte riž po navodilih na embalaži; dati na stran.
b) Jajca položite v veliko ponev in jih za 1 cm pokrijte s hladno vodo. Zavremo in kuhamo 1 minuto. Lonec pokrijemo s tesno prilegajočim pokrovom in odstranimo z ognja; pustite stati 8 do 10 minut. Dobro odcedimo in pustimo, da se ohladi, preden jih olupimo in prerežemo na pol.
c) V veliki ponvi na srednje močnem ognju segrejte olivno olje. Dodajte česen in med pogostim mešanjem kuhajte 1 do 2 minuti, dokler ne zadiši. Vmešajte špinačo in kuhajte, dokler ne oveni, 2 do 3 minute; dati na stran.
d) Za govedino: V majhni skledi zmešajte rjavi sladkor, sojino omako, ingver, sezamovo olje in sriračo, če jo uporabljate.
e) V veliki ponvi na srednje močnem ognju segrejte olivno olje. Dodajte česen in med nenehnim mešanjem kuhajte približno 1 minuto, dokler ne zadiši. Dodajte mleto goveje meso in kuhajte, dokler ne porjavi, 3 do 5 minut, pazite, da se goveje meso med kuhanjem razdrobi; odcedite odvečno maščobo. Mešajte mešanico sojine omake in zeleno čebulo, dokler se dobro ne premešata, nato pa dušite, dokler se ne segreje, približno 2 minuti.
f) Mešanico riža, jajc, špinače in mlete govedine dajte v posode za pripravo obrokov in po želji okrasite z zeleno čebulo in sezamovimi semeni. Pokrito bo hranil v hladilniku 3 do 4 dni.
g) Ponovno segrevajte v mikrovalovni pečici v 30-sekundnih intervalih, dokler se ne segreje.

57. Piščančja in ramen juha

SESTAVINE

- 2 paketa (5,6 unč) ohlajenih rezancev yakisoba
- 2 ½ žlici osnovnega koncentrata zelenjavne juhe z zmanjšano vsebnostjo natrija (radi imamo Bolje kot Bouillon)
- 1 ½ žlice sojine omake z zmanjšano vsebnostjo natrija
- 1 žlica riževega vinskega kisa
- 1 žlica sveže naribanega ingverja
- 2 žlički sambal oelek (zmleta sveža čilijeva pasta) ali več po okusu
- 2 žlički sezamovega olja
- 2 skodelici ostankov narezanega piščanca na žaru
- 3 skodelice mlade špinače
- 2 korenčka, olupljena in naribana
- 1 skodelica narezanih gob šitake
- ½ skodelice svežih listov cilantra
- 2 zeleni čebuli, narezani na tanke rezine
- 1 čajna žlička sezamovih semen

NAVODILA

a) V velikem loncu z vrelo vodo kuhajte yakisobo, dokler ne zrahlja, 1 do 2 minuti; dobro odcedite.
b) V majhni skledi zmešajte jušno osnovo, sojino omako, kis, ingver, sambal oelek in sezamovo olje.
c) Mešanico juhe razdelite v 4 (24 unč) steklene kozarce s širokim vratom s pokrovi ali druge toplotno odporne posode. Povrhu z jakisobi, piščancem, špinačo, korenjem, gobami, koriandrom, zeleno čebulo in sezamovimi semeni. Pokrijte in hranite v hladilniku do 4 dni.
d) Za serviranje odkrijte kozarec in dodajte toliko vroče vode, da pokrije vsebino, približno 1 ¼ skodelice. Postavite v mikrovalovno pečico, nepokrito, dokler se ne segreje, 2 do 3 minute. Pustite stati 5 minut, premešajte, da se združi, in takoj postrezite.

58. Mason jar bolognese

SESTAVINE
- 2 žlici olivnega olja
- 1-kilogramsko mleto goveje meso
- 1 funt italijanske klobase, odstranjenih črev
- 1 čebula, mleto
- 4 stroki česna, sesekljani
- 3 (14,5 unč) pločevinke narezanih paradižnikov, odcejenih
- 2 (15 unč) pločevinki paradižnikove omake
- 3 lovorjev listi
- 1 čajna žlička posušenega origana
- 1 čajna žlička posušene bazilike
- ½ čajne žličke posušenega timijana
- 1 čajna žlička košer soli
- ½ čajne žličke sveže mletega črnega popra
- 2 (16 unč) paketa nemastnega sira mozzarella, narezanega na kocke
- 32 unč nekuhanih polnozrnatih fusillijev, kuhanih v skladu z navodili za pakiranje; približno 16 skodelic kuhanih

NAVODILA

a) V veliki ponvi na srednje močnem ognju segrejte olivno olje. Dodajte mleto govedino, klobaso, čebulo in česen. Kuhajte, dokler ne porjavi, 5 do 7 minut, pazite, da med kuhanjem goveje meso in klobaso razdrobite; odcedite odvečno maščobo.

b) Mešanico mletega govejega mesa prenesite v 6-litrski počasen kuhalnik. Vmešajte paradižnik, paradižnikovo omako, lovorjev list, origano, baziliko, timijan, sol in poper. Pokrijte in na majhnem ognju kuhajte 7 ur in 45 minut. Odstranite pokrov in obrnite počasen štedilnik na visoko. Nadaljujte s kuhanjem 15 minut, dokler se omaka ne zgosti. Lovorjeve liste zavrzite in pustite, da se omaka popolnoma ohladi.

c) Omako razdelite v 16 (24 unč) steklenih kozarcev s širokim vratom s pokrovi ali druge toplotno odporne posode. Po vrhu potresemo z mocarelo in fusilli. V hladilniku do 4 dni.

d) Za serviranje postavite v mikrovalovno pečico, nepokrito, dokler se ne segreje, približno 2 minuti. Mešajte, da se združi.

59. Lazanje iz masonskega kozarca

SESTAVINE

- 3 rezanci za lazanjo
- 1 žlica olivnega olja
- ½ funta mletega fileja
- 1 čebula, narezana na kocke
- 2 stroka česna, nasekljana
- 3 žlice paradižnikove paste
- 1 čajna žlička italijanske začimbe
- 2 (14,5 unč) pločevinki narezanih paradižnikov
- 1 srednja bučka, naribana
- 1 večji korenček, nariban
- 2 skodelici narezane mlade špinače
- Košer sol in sveže mlet črni poper po okusu
- 1 skodelica delno posnetega sira ricotta
- 1 skodelica naribanega sira mozzarella, razdeljena
- 2 žlici sesekljanih listov sveže bazilike

NAVODILA

a) V velikem loncu z vrelo slano vodo skuhajte testenine po navodilih na embalaži; dobro odcedite. Vsak rezanec razrežemo na 4 kose; dati na stran.

b) V veliki ponvi ali nizozemski pečici segrejte oljčno olje na srednje močnem ognju. Dodajte mleto pečenko in čebulo ter kuhajte, dokler ne porjavi, 3 do 5 minut, pazite, da goveje meso med kuhanjem razpade; odcedite odvečno maščobo.

c) Vmešajte česen, paradižnikovo pasto in italijanske začimbe ter kuhajte, dokler ne zadiši, 1 do 2 minuti. Vmešajte paradižnik, zmanjšajte ogenj in dušite, dokler se rahlo ne zgosti, 5 do 6 minut. Vmešajte bučke, korenček in špinačo ter med pogostim mešanjem kuhajte 2 do 3 minute, dokler se ne zmehčajo. Začinimo s soljo in poprom po okusu. Omako odstavimo.

d) V majhni skledi zmešajte rikoto, $\frac{1}{2}$ skodelice mocarele in baziliko; začinite s soljo in poprom po okusu

e) Pečico segrejte na 375 stopinj F. Rahlo naoljite 4 (16 unč) steklene kozarce s širokim vratom s pokrovi ali druge posode, primerne za pečico, ali premažite s sprejem proti prijemanju.

f) V vsak kozarec položite 1 kos testenin. Tretjino omake razdelimo v kozarce. Ponovite z drugo plastjo testenin in omake. Na vrh dajte mešanico rikote, preostale testenine in preostalo omako. Potresemo s preostalim $\frac{1}{2}$ skodelice mocarele.

g) Kozarce postavite na pekač. Postavite v pečico in pecite do mehurčkov, 25 do 30 minut; popolnoma ohladi. V hladilniku do 4 dni.

60. Miso ingverjeva razstrupljevalna juha

SESTAVINE
- 2 žlički praženega sezamovega olja
- 2 žlički kanolinega olja
- 3 stroki česna, sesekljani
- 1 žlica sveže naribanega ingverja
- 6 skodelic zelenjavne juhe
- 1 list kombuja, narezan na majhne koščke
- 4 čajne žličke bele miso paste
- 1 (3,5 unča) paket gob shiitake, narezanih (približno 2 skodelici)
- 8 unč trdega tofuja, narezanega na kocke
- 5 baby bok choy, sesekljan
- ¼ skodelice narezane zelene čebule

NAVODILA
a) V velikem loncu ali nizozemski pečici na srednjem ognju segrejte sezamovo olje in olje kanole. Dodajte česen in ingver ter med pogostim mešanjem kuhajte 1 do 2 minuti, dokler ne zadiši. Vmešajte osnovo, kombu in miso pasto ter zavrite. Pokrijte, zmanjšajte ogenj in pustite vreti 10 minut. Vmešajte gobe in kuhajte, dokler se ne zmehčajo, približno 5 minut.

b) Vmešajte tofu in bok čoj ter kuhajte, dokler se tofu ne segreje in je bok čoj ravno mehak, približno 2 minuti. Vmešajte zeleno čebulo. Postrezite takoj.

c) Ali pa za pripravo pred časom pustite, da se juha popolnoma ohladi na koncu 1. koraka. Nato vmešajte tofu, bok choy in zeleno čebulo. Razdelite v nepredušne posode, pokrijte in hranite v hladilniku do 3 dni. Za ponovno segrevanje postavite v mikrovalovno pečico v 30-sekundnih intervalih, dokler se ne segreje.

61. Polnjen sladki krompir

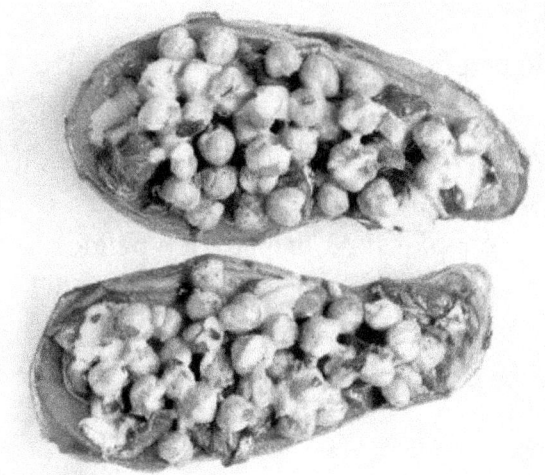

DOBITEK: 4 PORCIJE
SESTAVINE
- 4 srednje veliki sladki krompirji

NAVODILA
a) Pečico segrejte na 400 stopinj F. Pekač obložite s pergamentnim papirjem ali aluminijasto folijo.
b) Sladki krompir položite v eni plasti na pripravljen pekač. Pečemo, dokler se vilice ne zmehčajo, približno 1 uro in 10 minut.
c) Pustite počivati, dokler se dovolj ohladi, da ga lahko obvladate.

62. Korejsko-ameriški krompir, polnjen s piščancem

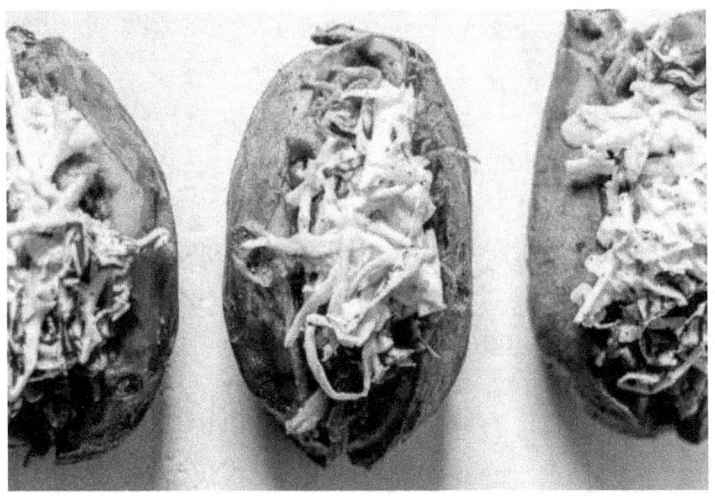

SESTAVINE
- ½ skodelice začinjenega riževega vinskega kisa
- 1 žlica sladkorja
- Košer sol in sveže mlet črni poper po okusu
- 1 skodelica vžigaličnega korenja
- 1 velika šalotka, narezana
- ¼ čajne žličke zdrobljenih kosmičev rdeče paprike
- 2 žlički sezamovega olja
- 1 (10 unč) paket sveže špinače
- 2 stroka česna, nasekljana
- 4 praženi sladki krompirji (tukaj)
- 2 skodelici pikantnega korejsko-ameriškega piščanca s sezamom (tukaj)

NAVODILA
a) V majhni kozici zmešajte kis, sladkor, 1 čajno žličko soli in ¼ skodelice vode. Na srednjem ognju zavremo. Vmešajte korenje, šalotko in kosmiče rdeče paprike. Odstranite z ognja in pustite stati 30 minut.

b) V veliki ponvi na srednjem ognju segrejte sezamovo olje. Vmešajte špinačo in česen ter kuhajte, dokler špinača ne oveni, 2 do 4 minute. Začinimo s soljo in poprom po okusu.

c) Krompir po dolžini razpolovimo in začinimo s soljo in poprom. Na vrh položite piščanca, korenčkovo mešanico in špinačo.

d) Sladki krompir razdelite v posode za pripravo obroka. V hladilniku do 3 dni. Ponovno segrevajte v mikrovalovni pečici v 30-sekundnih intervalih, dokler se ne segreje.

63. Krompir, polnjen z ohrovtom in rdečo papriko

SESTAVINE
- 1 žlica olivnega olja
- 2 stroka česna, nasekljana
- 1 sladka čebula, narezana na kocke
- 1 čajna žlička prekajene paprike
- 1 rdeča paprika, narezana na tanke rezine
- 1 šop kodrolistnega ohrovta, ki mu odstranimo stebla in nasekljamo liste
- Košer sol in sveže mlet črni poper po okusu
- 4 praženi sladki krompirji
- ½ skodelice zdrobljenega feta sira z manj maščobe

NAVODILA
a) V veliki ponvi na srednjem ognju segrejte olivno olje. Dodajte česen in čebulo ter med pogostim mešanjem kuhajte, dokler čebula ne postekleni, 2 do 3 minute. Vmešajte papriko in kuhajte, dokler ne zadiši, približno 30 sekund.

b) Vmešajte papriko in kuhajte, dokler ni hrustljavo mehka, približno 2 minuti. Vmešajte ohrovt, pest naenkrat, in kuhajte, dokler ni svetlo zelen in ravno ovenel, 3 do 4 minute.

c) Krompir razpolovite in začinite s soljo in poprom. Na vrh z mešanico ohrovta in fete.

d) Sladki krompir razdelite v posode za pripravo obroka.

64. Krompir, polnjen s piščancem z gorčico

SESTAVINE
- 1 žlica olivnega olja
- 2 skodelici narezanega svežega zelenega fižola
- 1 ½ skodelice na četrtine narezanih gob cremini
- 1 šalotka, mleta
- 1 strok česna, sesekljan
- 2 žlici sesekljanih listov svežega peteršilja
- Košer sol in sveže mlet črni poper po okusu
- 4 praženi sladki krompirji (tukaj)
- 2 skodelici piščanca z medeno gorčico (tukaj)

NAVODILA
a) V veliki ponvi na srednjem ognju segrejte olivno olje. Dodajte stročji fižol, gobe in šalotko ter med pogostim mešanjem kuhajte, dokler stročji fižol ni hrustljavo mehak, 5 do 6 minut. Vmešajte česen in peteršilj ter kuhajte, dokler ne zadiši, približno 1 minuto. Začinimo s soljo in poprom po okusu.
b) Krompir po dolžini razpolovimo in začinimo s soljo in poprom. Na vrh potresemo mešanico zelenega fižola in piščanca.
c) Sladki krompir razdelite v posode za pripravo obroka. V hladilniku do 3 dni. Ponovno segrevajte v mikrovalovni pečici v 30-sekundnih intervalih, dokler se ne segreje.

65. Črni fižol in polnjeni krompir Pico de Petelin

SESTAVINE
Črni fižol
- 1 žlica olivnega olja
- ½ sladke čebule, narezane na kocke
- 1 strok česna, sesekljan
- 1 čajna žlička čilija v prahu
- ½ čajne žličke mlete kumine
- 1 (15,5 unč) pločevinka črnega fižola, splaknjena in odcejena
- 1 čajna žlička jabolčnega kisa
- Košer sol in sveže mlet črni poper po okusu

Pico de Petelin
- 2 slivova paradižnika, narezana na kocke
- ½ sladke čebule, narezane na kocke
- 1 jalapeño, brez semen in zmlet
- 3 žlice sesekljanih svežih listov cilantra
- 1 žlica sveže iztisnjenega limetinega soka
- Košer sol in sveže mlet črni poper po okusu
- 4 praženi sladki krompirji (tukaj)
- 1 avokado, prepolovljen, brez koščic, olupljen in narezan na kocke
- ¼ skodelice lahke kisle smetane

NAVODILA
a) ZA FIŽOL: V srednji ponvi na srednjem ognju segrejte olivno olje. Dodajte čebulo in med pogostim mešanjem kuhajte 2 do 3 minute, dokler ne postekleni. Vmešajte česen, čili v prahu in kumino ter kuhajte, dokler ne zadiši, približno 1 minuto.
b) Vmešajte fižol in ⅔ skodelice vode. Zavremo, zmanjšamo ogenj in kuhamo, dokler se ne zmanjša, 10 do 15 minut. S stiskalnikom za krompir pretlačite fižol, dokler ne dosežete gladke in želene konsistence. Vmešajte kis in po okusu začinite s soljo in poprom.
c) ZA PICO DE PETELIN: V srednji skledi zmešajte paradižnik, čebulo, jalapeño, koriander in limetin sok. Začinimo s soljo in poprom po okusu.
d) Krompir po dolžini razpolovimo in začinimo s soljo in poprom. Na vrh dajte mešanico črnega fižola in Pico de Petelin.
e) Sladki krompir razdelite v posode za pripravo obroka. V hladilniku do 3 dni. Ponovno segrevajte v mikrovalovni pečici v 30-sekundnih intervalih, dokler se ne segreje.

66. Bučkini rezanci s puranjimi mesnimi kroglicami

SESTAVINE

- 1 funt mletega purana
- ⅓ skodelice panko
- 3 žlice sveže naribanega parmezana
- 2 velika rumenjaka
- ¾ čajne žličke posušenega origana
- ¾ čajne žličke posušene bazilike
- ½ čajne žličke posušenega peteršilja
- ¼ čajne žličke česna v prahu
- ¼ čajne žličke zdrobljenih kosmičev rdeče paprike
- Košer sol in sveže mlet črni poper po okusu
- 2 funta (3 srednje velike) bučke, spiralizirane
- 2 žlički košer soli
- 2 skodelici marinara omake (domače ali kupljene)
- ¼ skodelice sveže naribanega parmezana

NAVODILA

a) Pečico segrejte na 400 stopinj F. Pekač velikosti 9 x 13 palcev rahlo naoljite ali premažite s pršilom proti prijemanju.

b) V veliki skledi zmešajte mleto puranje, panko, parmezan, jajčne rumenjake, origano, baziliko, peteršilj, česen v prahu in kosmiče rdeče paprike; začinite s soljo in poprom. Z leseno žlico ali čistimi rokami mešajte, dokler se dobro ne združi. Zmes razvaljajte v 16 do 20 mesnih kroglic, vsaka s premerom 1 do 1 $\frac{1}{2}$ palca.

c) Mesne kroglice položite v pripravljen pekač in pecite 15 do 18 minut, dokler ne porjavijo in se skuhajo; dati na stran.

d) Bučke položite v cedilo nad umivalnik. Dodajte sol in nežno premešajte, da se združi; pustite stati 10 minut. V velikem loncu z vrelo vodo kuhajte bučke od 30 sekund do 1 minute; dobro odcedite.

e) Bučke razdelite v posodice za pripravo obroka. Na vrh z mesnimi kroglicami, marinara omako in parmezanom. Pokrito bo hranil v hladilniku 3 do 4 dni. Ponovno segrevajte v mikrovalovni pečici brez pokrova v 30-sekundnih intervalih, dokler se ne segreje.

67. Enostavne mesne kroglice

Dobite približno 18 mesnih kroglic
SESTAVINE
- 20 oz. (600 g) ekstra puste mlete puranje prsi
- ½ skodelice (40 g) ovsene moke
- 1 jajce
- 2 skodelici (80 g) narezane špinače (neobvezno)
- 1 čajna žlička česna v prahu
- ¾ čajne žličke soli
- ½ čajne žličke popra

NAVODILA
a) Pečico segrejte na 350F (180C).
b) Zmešajte vse sestavine v skledi.
c) Meso razvaljajte v mesne kroglice v velikosti žogice za golf in jih prenesite v nabrizgan pekač velikosti 9x13" (30x20 cm).
d) Pečemo 15 minut.

68. Juha s 3 sestavinami

Zagotavlja 8 obrokov

SESTAVINE

- 2 15 oz. (vsaka po 425 g) pločevinke fižola (uporabim eno pločevinko črnega fižola in eno pločevinko belega fižola), odcejene/splaknute
- 1 15 oz. (425g) lahko na kocke narezanega paradižnika
- 1 skodelica (235 ml) piščančje/zelenjavne juhe sol in poper po okusu

NAVODILA

a) Zmešajte vse sestavine v ponvi na srednje močnem ognju. Zavremo.
b) Ko zavre, pokrijte in pustite vreti 25 minut.
c) Uporabite svoj potopni mešalnik (ali prenesite v običajni mešalnik/procesor v serijah), da juho pretlačite do želene konsistence.
d) Postrezite toplo z grškim jogurtom kot nadomestkom za kislo smetano, sirom cheddar z nizko vsebnostjo maščob in zeleno čebulo!
e) V hladilniku zdrži do 5 dni.

69. Puranova omaka za počasno kuhanje

Za 6 obrokov

SESTAVINE

- 20 oz. (600 g) ekstra puste mlete puranje prsi
- 1 15,5 oz. kozarec (440 g) salse
- sol in poper po okusu (neobvezno)

NAVODILA

a) Dodajte mleto puranje meso in salso v svoj počasni kuhalnik.
b) Zmanjšajte toploto. Pustite kuhati 6-8 ur, počasi in nizko. Enkrat ali dvakrat med časom kuhanja premešajte. (Če ste v časovni stiski, kuhajte na visoki temperaturi 4 ure).
c) Postrezite z dodatno hladno salso, grškim jogurtom kot nadomestkom kisle smetane, sirom ali zeleno čebulo!
d) V hladilniku zdrži 5 dni, v zamrzovalniku pa 3-4 mesece.

70. Burrito-skleda-v-kozarcu

Vsebuje 1 kozarec

SESTAVINE
- 2 žlici salse
- $\frac{1}{4}$ skodelice (40 g) fižola/fižolove salse $\frac{1}{3}$ skodelice (60 g) kuhanega riža/kvinoje
- 3 oz. (85 g) kuhanega ekstra pustega mletega purana, piščanca ali beljakovin po izbiri
- 2 žlici sira cheddar z nizko vsebnostjo maščob
- 1 $\frac{1}{2}$ skodelice (60 g) zelene solate/zelenja
- 1 žlica grškega jogurta ("kisla smetana")
- $\frac{1}{4}$ avokada

NAVODILA
a) Vse svoje sestavine položite v kozarec.
b) Shranite za kasnejšo uporabo.
c) Ko ste pripravljeni za uživanje, prelijte kozarec na krožnik ali skledo, da premešate in požrete!
d) V hladilniku zdrži 4-5 dni.

HLADNO KOSILO

71. Carnitas sklede za pripravo obrokov

SESTAVINE

- 2 ½ čajne žličke čilija v prahu
- 1 ½ žličke mlete kumine
- 1 ½ čajne žličke posušenega origana
- 1 čajna žlička košer soli ali več po okusu
- ½ čajne žličke mletega črnega popra ali več po okusu
- 1 (3-funtski) svinjski hrbet, odrezana odvečna maščoba
- 4 stroki česna, olupljeni
- 1 čebula, narezana na kolesca
- Sok 2 pomaranč
- Sok 2 limet
- 8 skodelic narezanega ohrovta
- 4 češpljeve paradižnike, narezane
- 2 (15 unč) pločevinki črnega fižola, odcejeni in oprani
- 4 skodelice koruznih zrn (zamrznjenih, konzerviranih ali praženih)
- 2 avokada, razpolovljena, razkoščičena, olupljena in narezana na kocke
- 2 limeti, narezani na kolesca

NAVODILA

a) V majhni skledi zmešajte čili v prahu, kumino, origano, sol in poper. Svinjino začinimo z mešanico začimb in jo temeljito vtremo z vseh strani.
b) Svinjino, česen, čebulo, pomarančni sok in limetin sok dajte v počasni kuhalnik. Pokrijte in kuhajte na nizki temperaturi 8 ur ali na visoki temperaturi 4 do 5 ur.
c) Svinjino odstavimo s štedilnika in meso nasekljamo. Vrnite ga v lonec in prelijte s sokovi; po potrebi začinite s soljo in poprom. Pokrijte in pustite na toplem še 30 minut.
d) Svinjino, ohrovt, paradižnik, črni fižol in koruzo položite v posode za pripravo obrokov. Pokrito bo hranil v hladilniku 3 do 4 dni. Postrezite z avokadom in rezinami limete.

72. Chicago vroče dog solata

SESTAVINE

- 2 žlici ekstra deviškega oljčnega olja
- 1 ½ žlice rumene gorčice
- 1 žlica rdečega vinskega kisa
- 2 žlički makovih semen
- ½ čajne žličke soli zelene
- Ščepec sladkorja
- Košer sol in sveže mlet črni poper po okusu
- 1 skodelica kvinoje
- 4 puranje hrenovke z manj maščobe
- 3 skodelice naribanega ohrovta
- 1 skodelica razpolovljenih češnjevih paradižnikov
- ⅓ skodelice narezane bele čebule
- ¼ skodelice športne paprike
- 8 koprov kislih kumaric

NAVODILA

a) PRIPRAVA VINAIGRETTE: V srednji skledi zmešajte olivno olje, gorčico, kis, mak, sol zelene in sladkor. Začinimo s soljo in poprom po okusu. Pokrijte in hranite v hladilniku 3 do 4 dni.

b) Kuhajte kvinojo v skladu z navodili na embalaži v veliki ponvi z 2 skodelicama vode; dati na stran.

c) Žar segrejte na srednje visoko. Dodajte hrenovke na žar in jih pecite do zlato rjave barve in rahlo zoglenele z vseh strani, 4 do 5 minut. Ohladimo in narežemo na majhne koščke.

d) Kvinojo, hrenovke, paradižnik, čebulo in papriko razdelite v posode za pripravo obroka. V hladilniku bo shranjen 3 do 4 dni.

e) Za serviranje solato prelijte s prelivom in nežno premešajte. Takoj postrezite, po želji okrasite s kislimi kumaricami.

73. Ribje taco sklede

SESTAVINE

Cilantro limetin preliv
- 1 skodelica ohlapno pakiranega cilantra, stebla so odstranjena
- ½ skodelice grškega jogurta
- 2 stroka česna,
- Sok 1 limete
- Ščepec košer soli
- ¼ skodelice ekstra deviškega oljčnega olja
- 2 žlici jabolčnega kisa

Tilapija
- 3 žlice nesoljenega masla, stopljenega
- 3 stroki česna, sesekljani
- Naribana lupinica 1 limete
- 2 žlici sveže iztisnjenega limetinega soka ali več po okusu
- 4 (4 unče) fileti tilapije
- Košer sol in sveže mlet črni poper po okusu
- ⅔ skodelice kvinoje
- 2 skodelici narezanega ohrovta
- 1 skodelica narezanega rdečega zelja
- 1 skodelica koruznih zrn (konzervirana ali pražena)
- 2 slivova paradižnika, narezana na kocke
- ¼ skodelice zdrobljenega tortiljinega čipsa
- 2 žlici sesekljanih svežih listov cilantra

NAVODILA

a) ZA PRELIV: V skledi kuhinjskega robota zmešajte koriander, jogurt, česen, limetin sok in sol. Pri delujočem motorju dodajte oljčno olje in kis v počasnem toku, dokler se ne emulgirata. Pokrijte in hranite v hladilniku 3 do 4 dni.

b) ZA TILAPIJO: Pečico segrejte na 425 stopinj F. Pekač velikosti 9 x 13 palcev rahlo naoljite ali premažite s sprejem proti prijemanju.

c) V majhni skledi zmešajte maslo, česen, limetino lupinico in limetin sok. Tilapijo začinite s soljo in poprom ter položite v pripravljen pekač. Pokapljamo z masleno mešanico.

d) Pecite, dokler se riba enostavno ne raztrga z vilicami, 10 do 12 minut.

e) Skuhajte kvinojo v skladu z navodili na embalaži v veliki ponvi z 2 skodelicama vode. Naj se ohladi.

f) Kvinojo razdelite v posode za pripravo obroka. Na vrhu s tilapijo, ohrovtom, zeljem, koruzo, paradižnikom in tortiljinim čipsom.

g) Za serviranje pokapljajte s prelivom iz cilantro limete, po želji okrasite s cilantrom.

74. Solata iz storžev

SESTAVINE
Makov preliv
- ¼ skodelice 2% mleka
- 3 žlice olivnega olja majoneze
- 2 žlici grškega jogurta
- 1 ½ žlice sladkorja ali več po okusu
- 1 žlica jabolčnega kisa
- 1 žlica makovih semen
- 2 žlici olivnega olja

Solata
- 16 unč maslene buče, narezane na 1-palčne koščke
- 16 unč prepolovljenega brstičnega ohrovta
- 2 vejici svežega timijana
- 5 listov svežega žajblja
- Košer sol in sveže mlet črni poper po okusu
- 4 srednja jajca
- 4 rezine slanine, narezane na kocke
- 8 skodelic narezanega ohrovta
- 1 ⅓ skodelice kuhanega divjega riža

NAVODILA

a) ZA PRELIV: V manjši skledici zmešajte mleko, majonezo, jogurt, sladkor, kis in mak. Pokrijte in hranite v hladilniku do 3 dni.

b) Pečico segrejte na 400 stopinj F. Pekač rahlo naoljite ali premažite s pršilom proti prijemanju.

c) Bučo in brstični ohrovt položimo na pripravljen pekač. Dodajte oljčno olje, timijan in žajbelj ter nežno premešajte, da se združijo; začinite s soljo in poprom. Razporedite v enakomerno plast in pecite, enkrat obrnite, 25 do 30 minut, dokler se ne zmehča; dati na stran.

d) Medtem dajte jajca v veliko ponev in jih pokrijte s hladno vodo za 1 cm. Zavremo in kuhamo 1 minuto. Lonec pokrijte s tesno prilegajočim pokrovom in odstranite z ognja; pustite stati 8 do 10 minut. Dobro odcedimo in pustimo, da se ohladi, preden jih olupimo in narežemo.

e) Veliko ponev segrejte na srednje močnem ognju. Dodajte slanino in kuhajte do rjave in hrustljave barve, 6 do 8 minut; odcedite odvečno maščobo. Prenesite na krožnik, obložen s papirnato brisačo; dati na stran.

f) Za sestavljanje solat dajte ohrovt v posode za pripravo obrokov; na vrhu razporedite vrste buč, brstičnega ohrovta, slanine, jajc in divjega riža. Pokrito bo hranil v hladilniku 3 do 4 dni. Postrežemo z makovim prelivom.

75. Solata iz buffalo cvetače

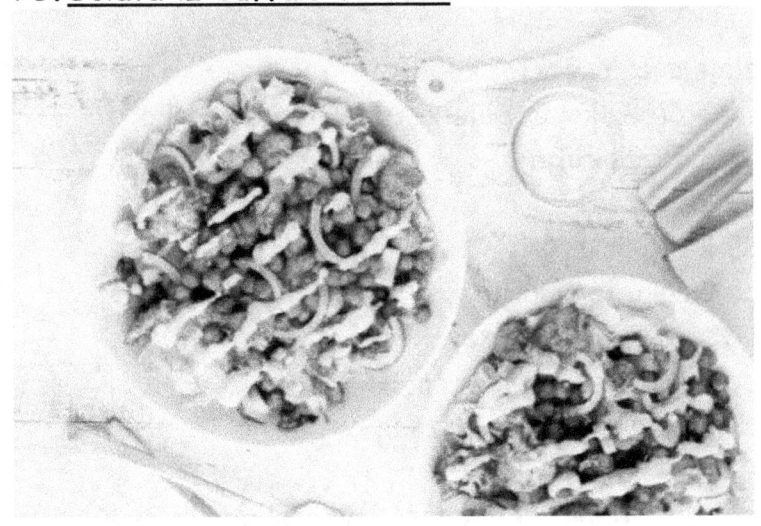

SESTAVINE

- 3-4 skodelice cvetov cvetače
- 1 15 oz. lahko čičeriko, odcejeno, oplaknjeno in suho
- 2 žlički avokadovega olja
- ½ čajne žličke popra
- ½ čajne žličke morske soli
- ½ skodelice omake iz bivoljih kril
- 4 skodelice sveže romaine, sesekljane
- ½ skodelice zelene, sesekljane
- ¼ skodelice rdeče čebule, narezane na rezine
- Kremni veganski ranč preliv:
- ½ skodelice surovih indijskih oreščkov, namočenih 3-4 ure ali čez noč
- ½ skodelice sveže vode
- 2 žlički posušenega kopra
- 1 čajna žlička česna v prahu
- 1 čajna žlička čebule v prahu
- ½ čajne žličke morske soli
- ščepec črnega popra

NAVODILA
a) Pečico nastavite na 450°F.
b) V veliko skledo dodamo cvetačo, čičeriko, olje, poper in sol ter premešamo.
c) Mešanico vlijemo na pekač ali kamen. Pražimo 20 minut. Odstranite pekač iz pečice, mešanico prelijte z bivoljo omako in premešajte. Pražimo še 10-15 minut oziroma toliko časa, da čičerika hrustljavo zapeče in cvetača po želji zapeče. Odstranite iz pečice.
d) Dodajte namočene in odcejene indijske oreščke v zmogljiv mešalnik ali kuhinjski robot s 1/2 skodelice vode, koprom, česnom v prahu, čebulo v prahu, soljo in poprom. Mešajte do gladkega.
e) Vzemite dve skledi za solato in v vsako skledo dodajte 2 skodelici sesekljane romaine, 1/4 skodelice zelene in 1/8 skodelice čebule. Na vrh položite pečeno bivoljo cvetačo in čičeriko. Pokapljajte po prelivu in uživajte!

75. Posode za zrnje pese in brstičnega ohrovta

SESTAVINE
- 3 srednje velike pese (približno 1 funt)
- 1 žlica olivnega olja
- Košer sol in sveže mlet črni poper po okusu
- 1 skodelica farro
- 4 skodelice mlade špinače ali ohrovta
- 2 skodelici brstičnega ohrovta (približno 8 unč), na tanke rezine
- 3 klementine, olupljene in narezane na segmente
- ½ skodelice pekanov, opečenih
- ½ skodelice semen granatnega jabolka

Vinaigrette iz rdečega vina Honey-Dijon
- ¼ skodelice ekstra deviškega oljčnega olja
- 2 žlici rdečega vinskega kisa
- ½ šalotke, mlete
- 1 žlica medu
- 2 žlički polnozrnate gorčice
- Košer sol in sveže mlet črni poper po okusu

NAVODILA

a) Pečico segrejte na 400 stopinj F. Pekač obložite s folijo.
b) Peso položimo na folijo, pokapamo z oljčnim oljem ter začinimo s soljo in poprom. Zložite vse 4 strani folije, da naredite vrečko. Pečemo, dokler se vilice ne zmehčajo, 35 do 45 minut; pustimo, da se ohladi, približno 30 minut.
c) S čisto papirnato brisačo zdrgnite peso, da odstranite lupine; narežite na majhne koščke.
d) Skuhajte farro v skladu z navodili na embalaži, nato pa pustite, da se ohladi.
e) Peso razdelite v 4 (32 unč) steklene kozarce s širokim grlom in pokrovi. Povrhu s špinačo ali ohrovtom, farrom, brstičnim ohrovtom, klementinami, orehi orehi in semeni granatnega jabolka. Pokrito bo hranil v hladilniku 3 ali 4 dni.
f) ZA VINAIGRETTE: Zmešajte olivno olje, kis, šalotko, med, gorčico in 1 žlico vode; začinite s soljo in poprom po okusu. Pokrijte in hranite v hladilniku do 3 dni.
g) Za serviranje dodajte vinaigrette v vsak kozarec in pretresite. Postrezite takoj.

76. Brokolijeva solata v kozarcu

SESTAVINE
- 3 žlice 2% mleka
- 2 žlici olivnega olja majoneza
- 2 žlici grškega jogurta
- 1 žlica sladkorja ali več po okusu
- 2 žlički jabolčnega kisa
- ½ skodelice indijskih oreščkov
- ¼ skodelice posušenih brusnic
- ½ skodelice narezane rdeče čebule
- 2 unč sira cheddar, narezanega na kocke
- 5 skodelic grobo narezanih cvetov brokolija

NAVODILA
a) ZA PRELIV: V majhni skledi zmešajte mleko, majonezo, jogurt, sladkor in kis.
b) Preliv razdelite v 4 (16 unč) steklene kozarce s širokim grlom in pokrovi. Po vrhu z indijskimi oreščki, brusnicami, čebulo, sirom in brokolijem. V hladilniku do 3 dni.
c) Za serviranje pretresite vsebino kozarca in takoj postrezite.

77. Piščančja solata v kozarcu

SESTAVINE
- 2 ½ skodelice ostankov narezanega piščanca na žaru
- ½ skodelice grškega jogurta
- 2 žlici olivnega olja majoneza
- ¼ skodelice narezane rdeče čebule
- 1 steblo zelene, narezano na kocke
- 1 žlica sveže iztisnjenega limoninega soka ali več po okusu
- 1 čajna žlička sesekljanega svežega pehtrana
- ½ čajne žličke dijonske gorčice
- ½ čajne žličke česna v prahu
- Košer sol in sveže mlet črni poper po okusu
- 4 skodelice narezanega ohrovta
- 2 jabolki Granny Smith, odstraniti peščico in nasekljati
- ½ skodelice indijskih oreščkov
- ½ skodelice posušenih brusnic

NAVODILA
a) V veliki skledi zmešajte piščanca, jogurt, majonezo, rdečo čebulo, zeleno, limonin sok, pehtran, gorčico in česen v prahu; začinite s soljo in poprom po okusu.

b) Piščančjo mešanico razdelite v 4 (24 unč) steklene kozarce s širokim grlom in pokrovi. Na vrhu z ohrovtom, jabolki, indijskimi oreščki in brusnicami. V hladilniku do 3 dni.

c) Za serviranje pretresite vsebino kozarca in takoj postrezite.

78. Kitajska piščančja solata iz masonskega kozarca

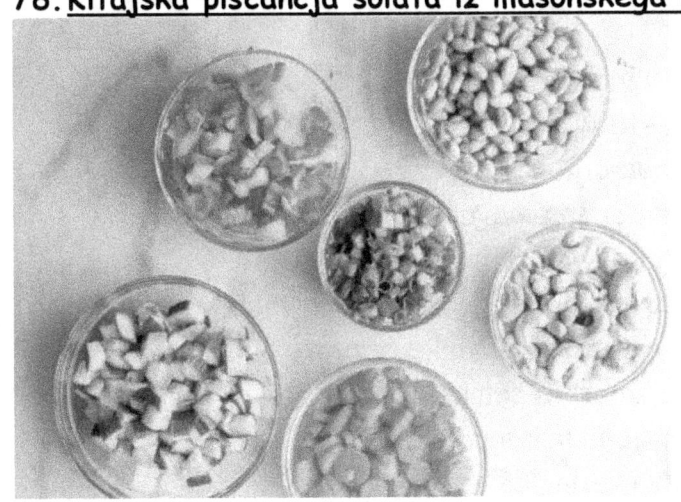

SESTAVINE
- ½ skodelice riževega vinskega kisa
- 2 stroka česna, stisnjena
- 1 žlica sezamovega olja
- 1 žlica sveže naribanega ingverja
- 2 žlički sladkorja ali več po okusu
- ½ čajne žličke sojine omake z zmanjšano vsebnostjo natrija
- 2 zeleni čebuli, narezani na tanke rezine
- 1 čajna žlička sezamovih semen
- 2 korenčka, olupljena in naribana
- 2 skodelici narezane angleške kumare
- 2 skodelici narezanega vijoličnega zelja
- 12 skodelic sesekljanega ohrovta
- 1 ½ skodelice ostankov pečenega piščanca na kocke
- 1 skodelica wonton trakov

NAVODILA
a) ZA VINAIGRETTE: V majhni skledi zmešajte kis, česen, sezamovo olje, ingver, sladkor in sojino omako. Preliv razdelite v 4 (32 unč) steklene kozarce s širokim grlom in pokrovi.

b) Potresemo z zeleno čebulo, sezamovim semenom, korenjem, kumarami, zeljem, ohrovtom in piščancem. V hladilniku do 3 dni. Wontone trakove shranjujte ločeno.

c) Za serviranje pretresite vsebino kozarca in dodajte trakce wonton. Postrezite takoj.

79. Niçoise solata Mason jar

SESTAVINE

- 2 srednji jajci
- 2 ½ skodelice prepolovljenega zelenega fižola
- 3 (7 unč) pločevinke belega tuna, pakirane v vodi, odcejene in oprane
- ¼ skodelice ekstra deviškega oljčnega olja
- 2 žlici rdečega vinskega kisa
- 2 žlici na kocke narezane rdeče čebule
- 2 žlici sesekljanih listov svežega peteršilja
- 1 žlica sesekljanih svežih listov pehtrana
- 1 ½ čajne žličke dijonske gorčice
- Košer sol in sveže mlet črni poper po okusu
- 1 skodelica razpolovljenih češnjevih paradižnikov
- 4 skodelice natrgane maslene solate
- 3 skodelice listov rukole
- 12 oliv Kalamata
- 1 limona, narezana na kolesca (neobvezno)

NAVODILA

a) Jajca položite v veliko ponev in jih za 1 cm pokrijte s hladno vodo. Zavremo in kuhamo 1 minuto. Lonec pokrijemo s tesno prilegajočim pokrovom in odstranimo z ognja; pustite stati 8 do 10 minut.

b) Medtem v velikem loncu z vrelo slano vodo blanširajte stročji fižol do svetlo zelene barve, približno 2 minuti. Odcedite in ohladite v skledi z ledeno vodo. Dobro odcedite. Jajca odcedimo in pustimo, da se ohladijo, preden jih olupimo in po dolžini prerežemo na pol.

c) V veliki skledi zmešajte tunino, oljčno olje, kis, čebulo, peteršilj, pehtran in dijon, dokler se ne združijo; začinite s soljo in poprom po okusu.

d) Mešanico tune razdelite v 4 (32 unč) steklene kozarce s širokim grlom in pokrovi. Na vrh položite stročji fižol, jajca, paradižnik, masleno solato, rukolo in olive. V hladilniku do 3 dni.

e) Za serviranje pretresite vsebino kozarca. Postrezite takoj, po želji z rezinami limone.

80. Začinjene sklede s tuno

SESTAVINE
- 1 skodelica dolgozrnatega rjavega riža
- 3 žlice olivnega olja majoneze
- 3 žlice grškega jogurta
- 1 žlica sriracha omake ali več po okusu
- 1 žlica limetinega soka
- 2 žlički sojine omake z zmanjšano vsebnostjo natrija
- 2 (5 unč) pločevinki belega tuna, odcejeni in oplaknjeni
- Košer sol in sveže mlet črni poper po okusu
- 2 skodelici narezanega ohrovta
- 1 žlica praženih sezamovih semen
- 2 žlički praženega sezamovega olja
- 1 ½ skodelice narezane angleške kumare
- ½ skodelice vloženega ingverja
- 3 zelene čebule, narezane na tanke rezine
- ½ skodelice naribanega praženega norija

NAVODILA
a) Riž skuhajte v skladu z navodili za pakiranje v 2 skodelicah vode v srednje veliki ponvi; dati na stran.

b) V majhni skledi zmešajte majonezo, jogurt, sriracho, limetin sok in sojino omako. V drugo skledo dajte 2 žlici majonezne mešanice, pokrijte in ohladite. Tuno vmešajte v preostalo mešanico majoneze in nežno premešajte, da se združi; začinite s soljo in poprom po okusu.

c) V srednji skledi zmešajte ohrovt, sezamovo seme in sezamovo olje; začinite s soljo in poprom po okusu.

d) Riž razdelite v posode za pripravo obroka. Na vrh položite mešanico tune, mešanico ohrovta, kumare, ingver, zeleno čebulo in nori. V hladilniku do 3 dni.

e) Za serviranje pokapljajte z mešanico majoneze.

81. Solata z zrezki

Balzamični vinaigrette
- 3 žlice ekstra deviškega oljčnega olja
- 4 ½ čajne žličke balzamičnega kisa
- 1 strok česna, stisnjen
- 1 ½ čajne žličke posušenih peteršiljevih kosmičev
- ¼ čajne žličke posušene bazilike
- ¼ čajne žličke posušenega origana

Solata
- 4 srednja jajca
- 1 žlica nesoljenega masla
- 12 unč zrezek
- 2 žlički olivnega olja
- Košer sol in sveže mlet črni poper po okusu
- 8 skodelic mlade špinače
- 2 skodelici češnjevih paradižnikov, prepolovljenih
- ½ skodelice polovic pekanov
- ½ skodelice zdrobljenega feta sira z manj maščobe

NAVODILA

a) ZA BALZAMIČNI VINAIGRETTE: V srednje veliki skledi zmešajte olivno olje, balzamični kis, sladkor, česen, peteršilj, baziliko, origano in gorčico (če jo uporabljate). Pokrijte in hranite v hladilniku do 3 dni.

b) Jajca položite v veliko ponev in jih za 1 cm pokrijte s hladno vodo. Zavremo in kuhamo 1 minuto. Lonec pokrijte s tesno prilegajočim pokrovom in odstranite z ognja; pustite stati 8 do 10 minut. Dobro odcedite in pustite, da se ohladi, preden jih olupite in narežete.

c) V veliki ponvi na srednje močnem ognju stopite maslo. S papirnatimi brisačkami osušite obe strani zrezka. Pokapljamo z oljčnim oljem ter začinimo s soljo in poprom. Dodajte zrezek v ponev in ga pecite, enkrat obrnite, dokler ni pečen do želene pečenosti, 3 do 4 minute na stran za srednje pečeno. Pustite počivati 10 minut, preden ga razrežete na majhne koščke.

d) Za sestavljanje solat dajte špinačo v posode za pripravo obrokov; na vrhu z razporejenimi vrstami zrezkov, jajc, paradižnikov, pekanov in fete. Pokrijte in hranite v hladilniku do 3 dni. Postrezite z balzamičnim vinaigretom ali želenim prelivom.

82. Hranilne sklede iz sladkega krompirja

SESTAVINE

- 2 srednje velika sladka krompirja, olupljena in narezana na 1-palčne kose
- 3 žlice ekstra deviškega oljčnega olja, razdeljeno
- ½ čajne žličke dimljene paprike
- Košer sol in sveže mlet črni poper po okusu
- 1 skodelica farro
- 1 šopek ohrovta lacinato, nastrgan
- 1 žlica sveže iztisnjenega limoninega soka
- 1 skodelica narezanega rdečega zelja
- 1 skodelica razpolovljenih češnjevih paradižnikov
- ¾ skodelice hrustljavega fižola Garbanzo
- 2 avokada, razpolovljena, razkoščičena in olupljena

NAVODILA

a) Pečico segrejte na 400 stopinj F. Pekač obložite s pergamentnim papirjem.
b) Sladki krompir položite na pripravljen pekač. Dodajte 1 ½ žlice oljčnega olja in papriko, začinite s soljo in poprom ter nežno premešajte, da se združi. Razporedite v eno plast in pecite 20 do 25 minut, enkrat obrnite, dokler jih enostavno ne prebodete z vilicami.
c) Skuhajte farro v skladu z navodili na embalaži; dati na stran.
d) V srednji skledi zmešajte ohrovt, limonin sok in preostalo 1 ½ žlice oljčnega olja. Ohrovt masirajte, dokler se dobro ne združi, in ga po okusu začinite s soljo in poprom.
e) Farro razdelite v posode za pripravo obroka. Povrh s sladkim krompirjem, zeljem, paradižnikom in hrustljavim garbanzom. V hladilniku do 3 dni. Postrezite z avokadom.

83. Tajske piščančje sklede Buddha

SESTAVINE
Pikantna arašidova omaka
- 3 žlice kremastega arašidovega masla
- 2 žlici sveže iztisnjenega limetinega soka
- 1 žlica sojine omake z zmanjšano vsebnostjo natrija
- 2 žlički temno rjavega sladkorja
- 2 čajni žlički sambal oelek (zmleta sveža čilijeva pasta)

Solata
- 1 skodelica farro
- ¼ skodelice piščančje juhe
- 1 ½ žlice sambal oelek (zmleta sveža čilijeva pasta)
- 1 žlica svetlo rjavega sladkorja
- 1 žlica sveže iztisnjenega limetinega soka
- 1 funt piščančjih prsi brez kosti in kože, narezanih na 1-palčne kose
- 1 žlica koruznega škroba
- 1 žlica ribje omake
- 1 žlica olivnega olja
- 2 stroka česna, nasekljana
- 1 šalotka, mleta
- 1 žlica sveže naribanega ingverja
- Košer sol in sveže mlet črni poper po okusu
- 2 skodelici narezanega ohrovta
- 1 ½ skodelice naribanega vijoličnega zelja
- 1 skodelica fižolovih kalčkov
- 2 korenčka, olupljena in naribana
- ½ skodelice svežih listov cilantra
- ¼ skodelice praženih arašidov

NAVODILA

a) ZA ARAŠIDOVO OMAKO: V majhni skledi zmešajte arašidovo maslo, limetin sok, sojino omako, rjavi sladkor, sambal oelek in 2 do 3 žlice vode. Pokrijte in hranite v hladilniku do 3 dni.

b) Skuhajte farro v skladu z navodili na embalaži; dati na stran.

c) Medtem ko se farro kuha, v majhni skledi zmešajte juho, sambal oelek, rjavi sladkor in limetin sok; dati na stran.

d) V veliki skledi zmešajte piščanca, koruzni škrob in ribjo omako, premešajte in pustite, da piščanec nekaj minut absorbira koruzni škrob.

e) V veliki ponvi na srednjem ognju segrejte olivno olje. Dodajte piščanca in kuhajte do zlate barve, 3 do 5 minut. Dodajte česen, šalotko in ingver ter nadaljujte s kuhanjem, pogosto mešajte, dokler ne zadiši, približno 2 minuti. Vmešajte osnovo in kuhajte, dokler se rahlo ne zgosti, približno 1 minuto. Začinimo s soljo in poprom po okusu.

f) Farro razdelite v posode za pripravo obroka. Na vrh dajte piščanca, ohrovt, zelje, fižolove kalčke, korenje, koriander in arašide. Pokrito bo hranil v hladilniku 3 do 4 dni. Postrezite s pikantno arašidovo omako.

84. Tajski piščančji zavitki z arašidi

SESTAVINE
Kokosova curry arašidna omaka
- ¼ skodelice lahkega kokosovega mleka
- 3 žlice kremastega arašidovega masla
- 1 ½ žlice začinjenega riževega vinskega kisa
- 1 žlica sojine omake z zmanjšano vsebnostjo natrija
- 2 žlički temno rjavega sladkorja
- 1 čajna žlička čili česnove omake
- ¼ čajne žličke rumenega karija

Ovitek
- 2 ½ skodelice ostankov pečenega piščanca, narezanega na kocke
- 2 skodelici narezanega zelja Napa
- 1 skodelica na tanke rezine narezane rdeče paprike
- 2 korenčka, olupljena in narezana na vžigalice
- 1 ½ žlice sveže iztisnjenega limetinega soka
- 1 žlica olivnega olja majoneze
- Košer sol in sveže mlet črni poper po okusu
- 3 unče kremnega sira z zmanjšano vsebnostjo maščob pri sobni temperaturi
- 1 čajna žlička sveže naribanega ingverja
- 4 (8-palčne) na soncu posušene paradižnikove tortilje

NAVODILA

a) ZA ARAŠIDOVO OMAKO S KOKOSOVIM KARIJEM: V majhni skledi zmešajte kokosovo mleko, arašidovo maslo, rižev vinski kis, sojino omako, rjavi sladkor, čili česnovo omako in kari v prahu. 3 žlice odložimo za piščanca; preostanek ohladite, dokler ni pripravljen za serviranje.

b) V veliki skledi zmešajte piščanca in 3 žlice arašidove omake ter premešajte, dokler ni prevlečen.

c) V srednji skledi zmešajte zelje, papriko, korenje, limetin sok in majonezo; začinite s soljo in poprom po okusu.

d) V majhni skledi zmešajte kremni sir in ingver; začinite s soljo in poprom po okusu.

e) Mešanico kremnega sira enakomerno razporedite po tortiljah in pustite 1-palčni rob. Na vrh položite piščanca in mešanico zelja. Zložite na straneh za približno 1 palec, nato pa od spodaj tesno zvijte. Pokrito bo hranil v hladilniku 3 do 4 dni. Vsak zavitek postrezite s kokosovo curry omako iz arašidov.

85. Turčija špinača

SESTAVINE
- 1 rezina cheddar sira
- 2 unči tanko narezanih puranjih prsi
- ½ skodelice mlade špinače
- 1 (8-palčna) špinačna tortilja
- 6 otroških korenčkov
- ¼ skodelice grozdja
- 5 rezin kumare

NAVODILA
a) Na sredino tortilje položite sir, purana in špinačo. Spodnji rob tortilje tesno stisnite čez špinačo in prepognite ob straneh. Zvijajte, dokler ne dosežete vrha tortilje. Narežemo na 6 kolesc.

b) V posodo za pripravo obroka položite kolesca, korenje, grozdje in rezine kumare. Pokrito hranimo v hladilniku 2 do 3 dni.

86. Turčija taco solata

SESTAVINE
- 1 žlica olivnega olja
- 1 ½ funta mletega purana
- 1 (1,25-unča) paket začimb za taco
- 8 skodelic narezane zelene solate
- ½ skodelice Pico de Petelin (domače ali kupljeno)
- ½ skodelice grškega jogurta
- ½ skodelice mešanice naribanega mehiškega sira
- 1 limeta, narezana na kolesca

NAVODILA
a) V veliki ponvi na srednje močnem ognju segrejte olivno olje. Dodajte mleto puranje in kuhajte, dokler ne porjavi, 3 do 5 minut, pri čemer pazite, da se meso med kuhanjem razdrobi; vmešajte začimbo za taco. Odcedimo odvečno maščobo.

b) Romansko solato položite v vrečke za sendviče. Pico de Petelin, jogurt in sir dajte v ločene 2-unčne skodelice za jell-o-svroče s pokrovi. Vse – purana, romaine, Pico de Petelin, jogurt, sir in rezine limete – dajte v posode za pripravo obroka.

87. Zelo zelena solata v kozarcu

SESTAVINE

- ¾ skodelice bisernega ječmena
- 1 skodelica svežih listov bazilike
- ¾ skodelice 2% grškega jogurta
- 2 zeleni čebuli, sesekljani
- 1 ½ žlice sveže iztisnjenega limetinega soka
- 1 strok česna, olupljen
- Košer sol in sveže mlet črni poper po okusu
- ½ angleške kumare, grobo sesekljane
- 1 funt (4 majhne) bučke, spiralizirane
- 4 skodelice narezanega ohrovta
- 1 skodelica zamrznjenega zelenega graha, odmrznjenega
- ½ skodelice zdrobljenega feta sira z manj maščobe
- ½ skodelice poganjkov graha
- 1 limeta, narezana na kline (neobvezno)

NAVODILA

a) Ješprenj skuhajte po navodilih na embalaži; pustite, da se popolnoma ohladi in odstavite.

b) Za preliv zmešajte baziliko, jogurt, zeleno čebulo, limetin sok in česen v skledi kuhinjskega robota ter začinite s soljo in poprom. Pulzirajte, dokler ni enakomeren, približno 30 sekund do 1 minute.

c) Preliv razdelite v 4 steklene kozarce (32 unč) s širokim grlom in pokrovom. Na vrh položite kumare, bučkine rezance, ječmen, ohrovt, grah, feto in grahove poganjke. V hladilniku do 3 dni.

d) Za serviranje vsebino stresemo v kozarec. Postrezite takoj, po želji z rezinami limete.

88. Sklede za spomladanske zavitke iz bučk

SESTAVINE
- 3 žlice kremastega arašidovega masla
- 2 žlici sveže iztisnjenega limetinega soka
- 1 žlica sojine omake z zmanjšano vsebnostjo natrija
- 2 žlički temno rjavega sladkorja
- 2 čajni žlički sambal oelek (zmleta sveža čilijeva pasta)
- 1-kilogramska srednja kozica, olupljena in razrezana
- 4 srednje velike bučke, spiralizirane
- 2 velika korenčka, olupljena in naribana
- 2 skodelici narezanega vijoličnega zelja
- ⅓ skodelice svežih listov cilantra
- ⅓ skodelice listov bazilike
- ¼ skodelice listov mete
- ¼ skodelice sesekljanih praženih arašidov

NAVODILA
a) ZA ARAŠIDOVO OMAKO: V majhni skledi zmešajte arašidovo maslo, limetin sok, sojino omako, rjavi sladkor, sambal oelek in 2 do 3 žlice vode. Hladite do 3 dni, dokler ni pripravljen za serviranje.
b) V velikem loncu z vrelo slano vodo kuhajte kozico do rožnate barve, približno 3 minute. Odcedite in ohladite v skledi z ledeno vodo. Dobro odcedite.
c) Bučke razdelite v posode za pripravo obroka. Na vrh dajte kozice, korenje, zelje, cilantro, baziliko, meto in arašide. Pokrito bo hranil v hladilniku 3 do 4 dni. Postrezite s pikantno arašidovo omako.

SOLATE

89. Zelenjava s čilijem in limeto

PORCIJE: 2
SKUPNI ČAS ZA PRIPRAVO: 25 minut

SESTAVINE:
- 1 kos ingverja
- 1 strok česna
- 1 šopek Bok Choi, narezan
- Fižolov kalček
- 1 korenček, narezan na vžigalice
- 1 čajna žlička zelenjavne juhe
- 5 mladih čebulic
- 1 paprika, narezana na kocke
- 1/2 bučke, narezane na kocke
- 4 cvetovi brokolija
- Pest sladkornega graha
- Soba rezanci

Oblačenje:
- 1 rdeči čili
- Velika pest koriandra
- Sok 1 limete

NAVODILA:
a) Zmešajte čili, liste koriandra in limetin sok v tolkaču in možnarju. Pustite infundiranje ob strani.
b) Tudi cvetove brokolija narežemo na majhne koščke. Obrok želimo narezati na tanko, da se hitro skuha.
c) Pripravite juho s 50 ml vode in jo zavrite v ponvi. Po minuti dušenja dodamo drugo zelenjavo ter česen in ingver.
d) Po cvrtju na pari tri minute.
e) Piščanca postrezite na posteljici iz soba rezancev.
f) Postrezite s prelivom iz čilija in limete na vrhu.

90. Limonine testenine z brokolijem in bučkami

PORCIJE:2
SKUPNI ČAS ZA PRIPRAVO:10 minut

SESTAVINE:
- 1 glava brokolija
- Pest graha
- 2 stroka česna
- 2 porciji pirinih testenin, kuhanih
- 1 bučka
- 1 čajna žlička kokosovega olja
- 1 paradižnik
- Ščepec himalajske soli in črnega popra po okusu
- 1/2 rdeče čebule
- Sok 1 limone
- 2 šopka rukole
- Pokapljamo z oljčnim oljem

NAVODILA:
a) Na kokosovem olju prepražimo brokoli, grah, česen, rdečo čebulo in bučko.
b) V testenine stresite narezan paradižnik in rukolo ter limonin sok.

91. Jajčevci, krompir in čičerika

PORCIJE:2
SKUPNI ČAS ZA PRIPRAVO:10 minut

SESTAVINE:
- 1 čebula, olupljena in na drobno narezana
- 1 čajna žlička koriandra
- 1 jajčevec
- 1 krompir
- 2 žlici kokosovega olja
- 1/2 čajne žličke kumine
- 1 pločevinka čičerike
- 1/4 čajne žličke kurkume
- Sveži koriander

OMAKA:
- 1 čebula, olupljena in na drobno narezana
- 2 žlički ingverja, olupljenega in naribanega
- 6 celih nageljnovih žbic
- 450 g slivovih paradižnikov
- 1/4 čajne žličke kurkume
- 2 žlici kokosovega olja
- 3 stroki česna, zdrobljeni
- 1/2 čajne žličke mletega koriandra
- 1/2 čajne žličke mlete kumine
- 1 1/2 čajne žličke soli
- 1 čajna žlička rdečega čilija v prahu, po okusu

NAVODILA:
a) Čebulo in kumino seme pražimo 3 minute.
b) Dodamo krompir, jajčevce, čičeriko, mleti koriander, kumino in kurkumo.
c) Čebulo, česen, ingver in nageljnove žbice kuhajte šestdeset sekund in nato dodajte sesekljan paradižnik, kurkumo in druge začimbe.
d) Omake zmešajte s paličnim mešalnikom, dokler niso grobo zmešane. Nato dodajte zelenjavo, koriander, vodo, sol in poper po okusu.
e) Zaključite s posipom svežega koriandra in postrezite.

92. Kale Slaw & Kremasto Dresing

PORCIJE:2
SKUPNI ČAS ZA PRIPRAVO:15 minut

SESTAVINE:
- 1/3 skodelice sezamovih semen
- 1 paprika
- 1/3 skodelice sončničnih semen
- 1 rdeča čebula
- 1 šop ohrovta
- 4 skodelice rdečega zelja, naribanega
- 1 kos korenine ingverja
- Sveži koriander
- 1 porcija preliva iz indijskih oreščkov

NAVODILA:
a) Zmešajte vse sestavine.

93. Bruselj, korenje in zelenjava

PORCIJE:2
SKUPNI ČAS ZA PRIPRAVO:15 minut

SESTAVINE:
- 1 brokoli
- 2 korenčka, narezana na tanke rezine
- 6 brstičnega ohrovta
- 2 stroka česna
- 1 čajna žlička kuminih semen
- 1/2 limone
- Olupite 1 limono. Olivno olje

NAVODILA:
a) Vso zelenjavo dušite 5-8 minut na majhnem ognju.
b) Česen prepražimo s kumino, limonino lupinico, 1/2 limoninega soka in olivnim oljem.
c) Dodamo korenček in brstični ohrovt.

94. Brokoli in cvetača

PORCIJE: 2
SKUPNI ČAS ZA PRIPRAVO: 20 minut

SESTAVINE:
- 4 cvetovi brokolija
- 4 cvetovi cvetače
- 1 poper
- Pest raznovrstnih kalčkov
- 3 mlade čebule
- 1 strok česna, sesekljan Liquid Aminos
- Divji/rjavi riž

NAVODILA:
a) Riž skuhamo v zelenjavni osnovi brez kvasa.
b) Česen in čebulo pražimo v sopari tri minute.
c) Dodamo preostale sestavine in dušimo še nekaj minut.

95. Testenine s šparglji in bučkami

PORCIJE:4
SKUPNI ČAS ZA PRIPRAVO:20 minut

SESTAVINE:
- 4 paradižniki, narezani na kocke
- 1 bučka
- 1/2 rdeče čebule, narezane na kocke
- 1 šopek špargljev, kuhanih na pari
- 200g rukole
- 12 listov bazilike
- 2 stroka česna
- 4 porcije kuhanih pirinih testenin
- Olivno olje

NAVODILA:
a) Čebulo in paradižnik zmešamo s pestmi rukole, šparglje in odstavimo.
b) Preostale sestavine mešajte, dokler ne nastane gladka, svetlo zelena omaka.
c) Testenine prelijemo z omako, razdelimo v posodice, na vrh pa damo paradižnik, rdečo čebulo, šparglje in rukolo.

96. Paradižniki, polnjeni z zelenjavo

PORCIJE:2
SKUPNI ČAS ZA PRIPRAVO:30 minut

SESTAVINE:
- 1 žlica hladno stiskanega olja
- 2 paradižnika
- Pol manjšega jajčevca
- 1 čebula
- 1/3 bučke
- 1-2 stroka česna
- Ščepec morske soli in popra
- 1 šop svežih špinačnih listov

NAVODILA:
a) Pečico segrejte na 160 stopinj Celzija (325 stopinj Fahrenheita).
b) Zelenjavo zmešajte s špinačo, soljo in poprom ter pokapajte z oljem.
c) Po tem položite paradižnik na vrh in izdolbite sredino. Sredino združimo s preostalo zmesjo in dobro premešamo.
d) Zdaj morate vse previdno položiti nazaj v paradižnik.
e) Paradižnike dajte v veliko ponev s približno 80 ml vode in jo pokrijte s pokrovom, ko ste prepričani, da vanje ne gre nič drugega.
f) Pečemo 18 minut.

97. Jajčevci Ratatouille

PORCIJE: 4
SKUPNI ČAS ZA PRIPRAVO: 30 minut

SESTAVINE:
- 2 šopka mlade špinače
- 3 jajčevci, narezani
- 6 črnih oliv brez koščic
- 3 bučke, narezane
- 2 rdeči papriki
- 5 paradižnikov, narezanih na kocke
- 3 čajne žličke listov timijana
- 2 stroka česna
- Listi bazilike
- Koriandrova semena
- Pokapajte ekstra deviško oljčno olje
- Ščepec himalajske soli in črnega popra

NAVODILA:
a) Bučke in jajčevce olupite in narežite na enake kocke.
b) V ponvi segrejemo malo olivnega ali kokosovega olja in počasi prepražimo en strok česna.
c) Jajčevce damo v cedilo in potlačimo s kuhinjskimi papirnatimi brisačkami, da odstranimo odvečno olje, ko jih skuhamo naenkrat.
d) Segrejte še olje, nato dodajte bučko in drugi česen.
e) Preostale sestavine zmešajte v veliki ponvi in segrevajte 3 minute.

98. Gobe in špinača

PORCIJE:2
SKUPNI ČAS ZA PRIPRAVO:15 minut
SKUPNI ČAS KUHANJA:15 minut

SESTAVINE:
- 1 čajna žlička kokosovega olja
- 5-6 gob, narezanih
- 2 žlici olivnega olja
- ½ rdeče čebule, narezane na rezine
- 1 strok česna, mlet
- ½ čajne žličke sveže limonine lupinice, drobno naribane
- ¼ skodelice češnjevih paradižnikov, narezanih
- Ščepec mletega muškatnega oreščka
- 3 skodelice sveže narezane špinače
- ½ žlice svežega limoninega soka
- Ščepec soli
- Ščepec mletega črnega popra

NAVODILA:
a) Segrejte kokosovo olje in gobe pražite približno 4 minute.
b) Segrejte olivno olje in pražite čebulo približno 3 minute.
c) Dodamo česen, limonino lupinico in paradižnike, sol in črni poper ter kuhamo približno 2-3 minute, pri čemer paradižnik rahlo zmečkamo z lopatko.
d) Po dodajanju špinače kuhajte približno 2-3 minute.
e) Vmešajte gobe in limonin sok ter odstavite z ognja.

99. Črni poper Citrusna špinača

PORCIJE:4
SKUPNI ČAS ZA PRIPRAVO:10 minut
SKUPNI ČAS KUHANJA:7 minut

SESTAVINE:
- 2 žlici oljčnega olja (ekstra deviškega)
- 2 stroka česna, zdrobljena
- Sok 1 pomaranče
- lupina 1 pomaranče
- 3 skodelice sveže mlade špinače
- 1 čajna žlička morske soli
- $\frac{1}{8}$ čajne žličke črnega popra, sveže mletega

NAVODILA:
a) V ponvi na močnem ognju segrejte oljčno olje, dokler ne začne vreti.
b) Med občasnim mešanjem kuhajte 3 minute po dodajanju špinače in česna.
c) Dodamo pomarančni sok, pomarančno lupinico, sol in poper.
d) Med nenehnim mešanjem kuhajte, dokler sok ne izhlapi, približno 4 minute.

ZAKLJUČEK

V Koreji in Ameriki je toliko okusnih regionalnih jedi, vsaka pa je poklon bogastvu okoliške zemlje in morja. Od začinjenih rezancev in enoloncnic z rebrci do slanega svinjskega trebuha in obilice banchana, boste našli krožnike in sklede, napolnjene z rižem, zelenjavo, morskimi sadeži in vsem fermentiranim. Če ste novi v korejsko-ameriški kuhinji in iščete kraj za začetek, priporočamo te recepte. Nekateri so pristni, drugi pa navdihnjeni, a vsem je skupna ena stvar: splošno razširjeno prepričanje, da je dobro, če dobro jeste.

www.ingramcontent.com/pod-product-compliance
Lightning Source LLC
Chambersburg PA
CBHW071310110526
44591CB00010B/853